生きる力をそなえた子どもたち

それは家庭科教育から
――――Home Economics Education

日本家庭科教育学会【編】

学文社

はじめに

今日の社会では、フリーターの増加や生活保護者の増加など生活の基盤が揺らいでいます。結婚し子どもを生み育てる人も減り、少子高齢化は深刻になってきています。さらに次世代の担い手を育てるより以前に、食事作りや洗たく・そうじなど毎日の暮らしを営んでいく基礎基本の知識や技術が不足し、自分の生活自立もままならない人、コミュニケーションがうまくとれず人と協働できずに社会から孤立していく人など、「生活力」のない人々が増加し、大きな社会問題になっています。これまで家庭科では未来に向けて生活を創造する自立した生活者を育むことをめざしてきました。まさに「生活力」を育む教科でした。しかし、現代社会のこうした実態を目の当たりにして、家庭科教育の可能性が改めて問われているといえます。そこで今日求められている教育課題に家庭科はどのように応えてきたか、応えられる教科なのかを改めて確認し、家庭科の豊かな学びの可能性を探り、今後の家庭科教育の方向を確認したいと考え、本書を編みました。

「第一章　安定した生活と教育」では、中央教育審議会答申などの政策で示されている課題にそって、これまでの教育実践を振り返り、今後の進むべき方向性を述べました。家庭科は今日の教育課題に応えてきた教科であることを改めて確認しました。

「第二章　子どもの発達をささえる家庭科」では、家庭科を外から見てきた教育学者にも御執筆いただいて、家庭科でとり組んできた実践が今日の教育問題とどう切り結んできたかという視点から家庭科教育を客観的に評価して頂きました。ここでは、家庭科教育の取り組みが独りよがりでなく今日の教育課題に一定程度応えてきたことが確認できました。

「第三章　家庭科の実践」では、単に調理実習や裁縫の学習ではなく、地域と連携し、ユニバーサルや共生、安全・安心、生活自立などを追求した、今日の生活問題と切り結ぶ多面的な学びが展開されていること、その中で児童生徒が生き生きと学んでいる様子が見えてきました。

「第四章　家庭科への期待」では、授業を受けた生徒やその保護者、あるいは生活に関わる仕事や活動をされている第三者の方々から、家庭科への期待を語ってもらいました。様々な方から大きな期待を受けていること、また新たな視点を加える必要も見えてきました。

最後に、世界の家庭科やフリースクールのカリキュラム、大学入試問題を資料として掲載しました。日本の家庭科は生活者を育むという観点からは世界をリードする存在であること、不登校の子どもたちを中心に支援しているフリースクールのカリキュラムでは家庭科の内容が基礎になって学びが展開できること、また、大学入試問題からは家庭科が入試とも関わる力を育成していることに気づかされました。本書を編んで、改めて家庭科のおもしろさを認識した次第です。

一項目四頁程度で簡潔に書かれており、家庭科に馴染みのない方にも読みやすくなっています。家庭科を簡単に知りたい学生さんや「家庭科って何だ？」と思っている方々、家庭科にこれまで関わってこなかった方々に是非とも読んで頂きたい一冊です。

二〇一三年二月吉日

編集委員　大竹美登利、多々納道子、鶴田敦子

目　次

はじめに　i

第一章　安定した生活と教育……1
第一節　情報・ヒューマンサービス社会で活かされる学び　2
第二節　少子高齢化社会の課題と教育　6
第三節　家庭教育の基礎は、家庭科教育　10
第四節　食育の基礎は家庭科教育　14
第五節　男女共同参画社会の原動力　18
第六節　伝統文化は人々の生活の中にある　22
第七節　子どもが見つめる自己のキャリア・経済生活　30
第八節　持続可能な社会を実現するライフスタイル　34
第九節　ワーク・ライフ・バランス（ＷＬＢ）のとれた社会にむけた家庭科の学習　38

第二章　子どもの発達をささえる家庭科……43
第一節　子どもが大好きな家庭科　44
第二節　知・徳・体の学びを支えている生活　48
第三節　自立した人間の育成を目指す家庭科　52

第四節　生活を土台にしたシティズンシップ教育　56
第五節　地域とつながる学びの展開　60
第六節　総合学習と家庭科　64
第七節　不登校児童生徒との暮らしから学んだこと　68
第八節　生きることの根源的な意味を問う家庭科　74
第九節　広げ、深める家族の学習のために　80
第十節　学校カリキュラムと〈家庭科〉の位置づけ　86

第三章　家庭科の実践……91
第一節　小学校―さまざまな視点から、衣服の快適な着方を学ぶ―　92
第二節　中学校―私も地域の子育てサポーター―　96
第三節　中学校―健康で安全かつ快適に住まう―　100
第四節　高等学校―ユニバーサルデザインを通して多様性・共生の視点を学ぶ―　104
第五節　高等学校―調理実習を通して社会とのつながりを見つめる食教育―　108
第六節　高等学校―セーフティネットの重要性を学ぶ―　112

第四章　家庭科への期待……117
人が喜ぶものを作る（小学生）　118
大好きな家庭科（中学生）　118
家庭科の授業で私たちが学んだこと（高校生）　119

誰もが幸せに生きるための家庭科（大学生） 119
家庭科教育へのさらなる期待（保護者） 120
JAグループ北海道との相互連携協定 120
家庭科は生きる力をつけるために重要 121
地元の醤油会社とつながる授業 122
環境負荷の軽減を教える 123
食は生活の基本、食育は家庭科から 123
食で地域を知る 124
循環を意識して暮らせる市民を育てる 124

資料 127
一 日本の家庭科 128
二 世界の家庭科 132
三 フリースクールと家庭科 137
四 大学入試と家庭科の学び 139

おわりに 141

第一章　安定した生活と教育

第一節　情報・ヒューマンサービス社会で活かされる学び

赤塚　朋子

一　情報化サービス化の進展と子どもの生活環境

二〇一〇年の「国勢調査」結果によれば、第一次産業従事者は三・七％、第二次産業が二三・六％、第三次産業は七二・七％を占めるに至り、サービス産業を中心とした産業構造となっています。また、少子高齢社会の進展やニート、ホームレスなどの社会的排除による無縁社会の現状に対して、生活支援にかかわる福祉サービスを中心とするヒューマンサービス産業従事者も増加しています。

こうした背景の中、子どもたちの生活環境は大きな変化を遂げています。その特徴を『平成二三年版　情報通信白書』からまとめてみます。

①コミュニケーション行動の変化として、メールの読み書きやサイトの閲覧時間が増加しています（図1－1）。一〇代では携帯電話によるメールの読み書き時間は四九・八八分／日となっています。また、「人と会って話している時より、パソコンや携帯電話をいじっているときのほうが楽しい」、「人と会って話すより、メールでやりとりする方が楽だ」といった機械親和志向が強い傾向にあります。

②情報収集行動の変化として、インターネットに対する重要性認識が大きく、一〇代の七四・八％が重要であると認識し、二六・二％が信頼性を認識しています。

③購買行動の変化では、インターネットショッピング利用者が増加し、一五歳以上の国民の三分の一である三六・五％となっています。

このように、子どもたちは携帯電話などで簡単にインターネットが利用できるようになったことで、生身の人間と向き合うのではなく、携帯電話やインターネットに依存し、トラブルと背中合わせのネット社会に足を踏み込んでしまっているのです。大人がつくりあげた社会に子どもたちが無防備のまま放り出されている状況といっても過言ではありません。子どもたちには、不快に思ったり、危険を感じたりしたときに、どのように対応したらいいのか、情報社会での生活環境に対応した学びが必要なのです。

一方、児童虐待、ニート、子どもの貧困の問題など子どもにとって生きにくい状況も露呈しています。このような問題の解決のための制度や方法についての知識と、生活の自立に向けた学びも必要です。

二　家庭科で学ぶ情報社会と生活の関わり

家庭科の学びは、生涯の生活を主体的に創造し、皆が幸せになるためには

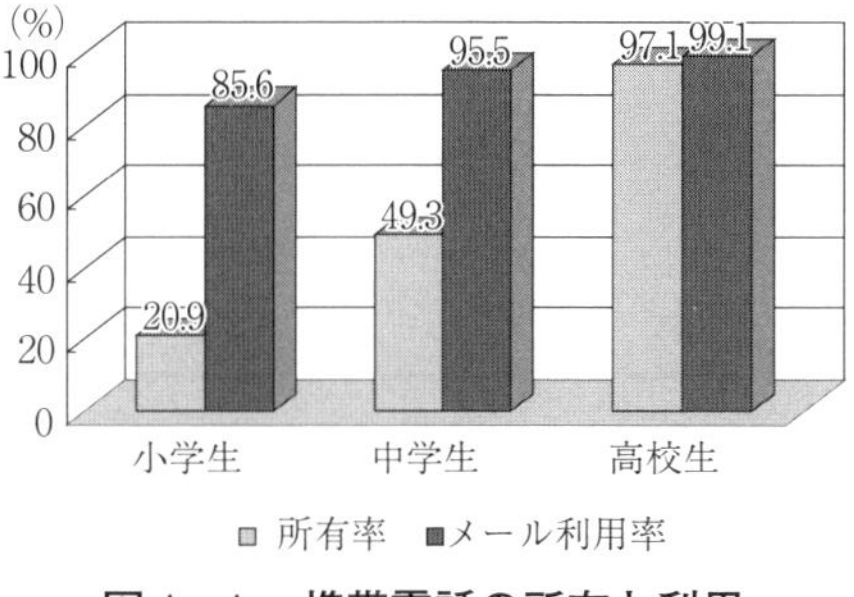

図１－１　携帯電話の所有と利用

出典）「平成22年度青少年のインターネット利用環境実態調査報告書」（内閣府，2011）

どうしたらいいかを常に模索する子どもたちを育てていると自負しています。自分たちが生きにくい社会や環境を変える力は、まさに「生きる力」にほかなりません。教科の目標には「よりよい生活」が掲げられています。そして家庭科には、前項でみた情報・ヒューマンサービス社会での生活環境に必要な学びがあるのです。次に教育内容を紹介します。

(1) 小学校家庭科

小学校は、生涯の生活の基盤となる基礎・基本を学びます。情報・ヒューマンサービス社会とのかかわりでは、いろいろな場面と関連づけて学びの時間を確保できます。

まず、生活の基本について、自分の成長と家族について、近隣の人々とのかかわりについて学ぶことになります。自分の生活がどう成り立ち、自分がどんな人々とかかわっているのかを知ることにより、「してもらう自分」から「する自分」に変わります。さらに「物」とは何かを知り、その選択や購入、活用ができるようにもなるのです。

(2) 中学校家庭科

中学校での家庭分野では、「これからの生活を展望して、課題をもって生活をよりよくしようとする能力と態度を育てる」ことを目標としています。「幼児期における周囲との基本的な信頼関係」や「高齢者などの地域の人々とのかかわり」にも視野がおよび、「中学生の身近な消費行動を振り返る学習を通して、販売方法の特徴を知り、生活に必要な物資・サービスを適切に選択、購入および活用ができるようにする」として、物だけでなくサービスの選択、購入、活用ができるようになります。そして「多くの情報の中から適切な情報を収集・整理」とあるように、情報・サービス社会にある子どもたちにとって最も重要な学びの時間です。この時間が十分に確保され、そして着実にその力が定着すれば、子どもたちは前項でみた問題の発生を避け、自分自身を守ることができるはずです。

(3) 高等学校家庭科

同様ですが、高等学校では「技術革新、グローバル化、情報化、サービス化など経済社会の変化に伴う消費生活の変化と現状について理解させ、生活の質を向上させるためにはどのような消費生活を築いていけばよいかについて考えさせる」とあるように、非常に高度な教育内容となっています。こうした学びにより、確実な力をつけて社会に送り出すことができるのです。また、「人の一生を時間軸としてとらえるとともに、生活の営みに必要な金銭、生活時間、人間関係などの生活資源や、衣食住、保育、消費などの生活活動にかかわる事柄を空間軸としてとらえ、各ライフステージの課題と関連付けて理解させることが重要」(学習指導要領解説)として、課題解決に向けて主体的に行動できる子どもたちを育成することを目的としています。持続可能な社会の構築はもとより、自分の家庭生活のみならず地域生活の創造が教科の目標になっているのです。

三 現代社会の課題と結びつく家庭科の学び

家庭科は、生活の権利の保障、人権意識、情報リテラシーなど、情報・ヒューマンサービス社会の進展に即刻対応できる教育内容をもっている教科であることを知ってほしいと思います。子どもたちの生活実態に合わせた教材が特徴でもある家庭科の学びを重視し、子どもたちにこうした学びを保障したいものです。

第二節　少子高齢化社会の課題と教育

井上　えり子

一　少子高齢化社会の背景

日本では、急激な少子化と高齢化による労働人口の減少と社会保障費の増加が社会問題となっています。現状のまま推移すると、二〇五〇年には国民の四割が高齢者となり、高齢者一人を一・二人の現役世代が支える社会が到来すると予測されています。このような少子高齢化社会は死亡率と出生率の減少によってもたらされました。

近代化による生活水準の上昇や医療技術の発展などの諸要因により死亡率が減少し、二〇一一年の日本人の平均寿命は男性が七九・四歳、女性が八五・九歳と世界最高水準にあります。一方出生率が減少した要因については諸説ありますが、その根底には、経済的・社会的要因があると考えられています。具体的には日本では若い世代に非婚や晩婚が広まり出生率が低下しているといわれますが、その経済的要因として、子どもに多額の教育費が必要であることや、経済不況と非正規雇用の拡大などにより若者の経済的自立が難しく、結婚や出産が困難になっていることなどが指摘されています。フルタイムで働いても十分な収入を得ることができない「ワーキングプア」や、学卒後も親と同居し経済的に依存する若者を指す「パラサイトシングル」といった言葉は、こうした実態を象徴的に示しているといえるでしょう。

また、結婚に至る行動を就職活動になぞらえた「婚活」や、仕事と生活の調和を目指す「ワーク・ライフ・バランス」といった言葉は、若者の結婚難や子育てと仕事の両立の難しさといった社会的要因を示しているといえるでしょう。これらの問題の背景として、結婚に至るプロセスが見合いから恋愛結婚へと変化したものの恋愛が必ずしも結婚と結びつかない点、男女が同等に家事や育児を担う生活様式が十分に普及しておらず、子育てと仕事との両立を可能にする社会制度の整備や社会的合意形成も十分になされていない点などが指摘されています。

二　少子高齢化対策と家庭科

政府は、少子化対策として、一九九四年の「エンゼルプラン」を皮切りに、社会全体で子育てを支え、生活と仕事と子育ての調和を目指す施策を打ち出しています。ＯＥＣＤ（経済協力開発機構）の研究によれば、日本のような家庭内の性別役割分業制が強く残っている国ほど、出生率が低いことがわかっています。女性にのみ家事・育児を任せるという慣行をなくさないことには、出生率の回復は難しいというのです。性別役割分業の解消は簡単なことではありませんが、もっとも効果的な方法のひとつは学校教育、とりわけ家庭科教育の活用でしょう。

家庭科は、一九八九年の学習指導要領改訂により、小学校から高等学校まで男女が共に家庭生活について学ぶ男女共修の教科となりました。特に、高等学校の家庭科では、男女の性別役割分業を見直し、男女が協力して共に生活を築いていく男女共生社会を目指した学習が行われるようになりました。現在、男女共修家庭科で学んだ最初の生徒たちが結婚・子育て期に入り、新しい家族関係を築きつつあります。

また、二〇〇〇年より介護保険制度が施行されるなど、高齢者を支える制度の整備も進められていますが、高齢者の暮らしを支える新たなネットワークづくりはまだ緒についたばかりです。ここでも家庭科は大きな役割を果たしています。子どもたちは、家庭科の家族学習を通じて高齢者の心身の特徴や高齢者福祉制度および生活支援について学び、学習活動を通じて高齢者を支えるネットワークの重要性を理解するようになります。

三　少子化と家庭科の学び

家庭科には、この他にも保育学習など少子高齢化社会の進展に対応した学習内容が盛り込まれています。少子化の中で、中学生・高校生が幼い子どもたちと接する機会は減少しています。そこで、中学校・高校の家庭科では写真1－1のように、生徒たちが乳幼児と直接ふれあう体験学習が取り入れられています。生徒たちは、地域の幼稚園や保育所を訪問したり、学校に乳幼児とその家族の方を招いたりして、乳幼児と直接ふれあいます。こうした経験を通じて、乳幼児に対する生徒の意識は着実に変化していきます。体験学習前に「赤ちゃんはうるさい」とマイナスイメージをもっていた生徒も、体験学習後は「赤ちゃんはかわいい」とプラスイメージをもつようになるのです。保育学習を通じて子育てにかかわることで、子どもと共に人間的成長を遂げることや社会の持続的発展のために子どもを生み育てることが不可欠であることなど、子育ての真の意義を考えることができるようになります。

四　高齢化と家庭科の学び

核家族化が進行している現在、児童生徒が高齢者と家庭でふれあう機会は減少しています。このため、高齢者についてよく知らず、マイナスのイメージでとらえている子どもも少なくありません。

中学校・高校の家庭科では、高齢者と生徒が直接ふれあう学習活動が取り入れられています。写真1－2のように、生徒は、高齢者施設を訪問して交流したり、身近な高齢者に聞き取り調査を行い、発表します。生徒たちは、高齢者の豊かな人生経験にふれることにより、加齢に伴ってすべての機能が衰える訳ではないことや、元気な高齢者も多く存在し、充実した人生を過ごす人々も少なくないことを学びます。そして、たとえ心身が衰えても、安心して生活を送ることができるよう制度や環境を整えることこそが、高齢者福祉の基本的な考え方であることを理解するようになります。また、授業を契機に高齢者福祉を自分の進路と結びつけて考えたり、家族の中で自分の役割を果たそうと考える生徒も少なくありません。

このように、家庭科は、若い世代が高齢者を理解し、その暮らしを支えるネットワークの一員としての役割を果たすための必要不可欠な学びであるといえるでしょう。

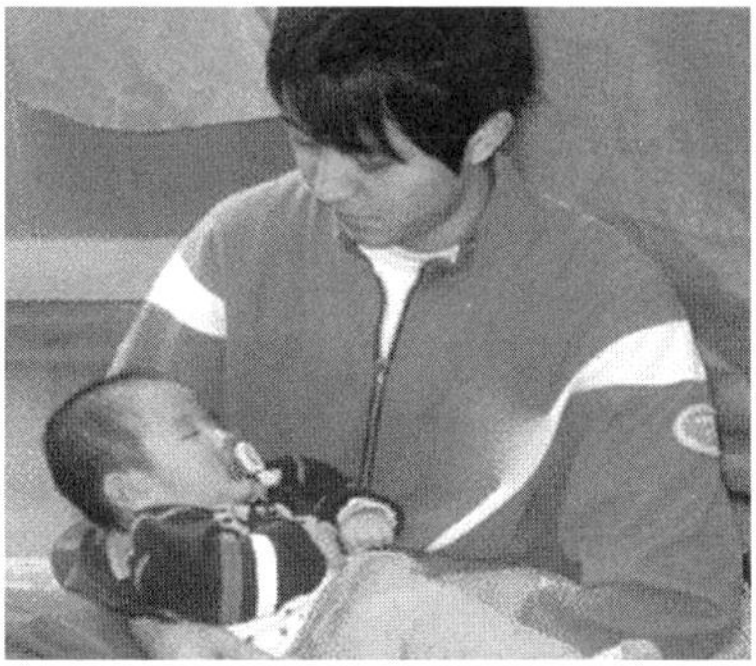

写真1－1　中学校の体験学習
「赤ちゃん交流会」の様子

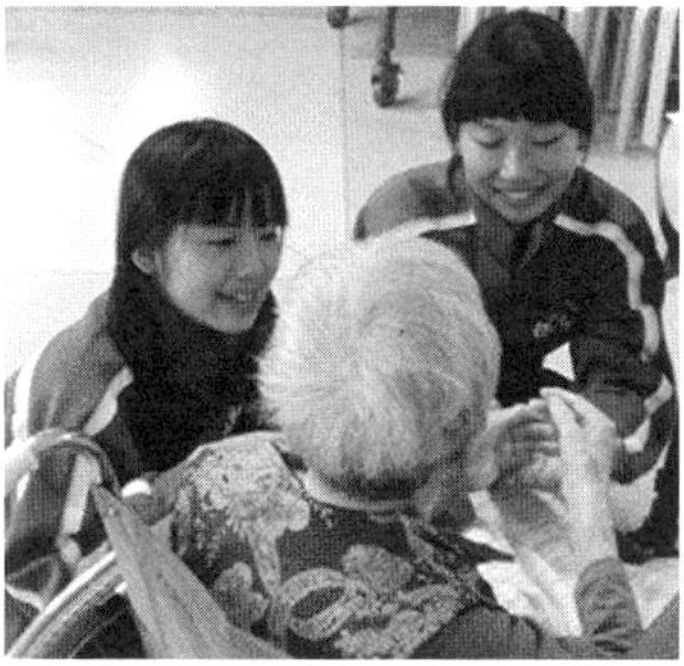

写真1－2　高校の体験学習
「高齢者施設訪問学習」の様子

第三節　家庭教育の基礎は、家庭科教育

多々納　道子

一　家庭教育と家庭科教育

家庭教育と家庭科教育は、用語としてみると大変似通っています。そのため、意味するところも同じであるように、とらえている人が多いのではないでしょうか。では、何が同じで、その違いはどこにあるのでしょうか。

家庭生活は、職業生活と共に私たちの誕生から死に至るまでのくらしの骨格となる生活構造を形づくっている重要な領域であり、家庭教育も家庭科教育も共に対象としています。ところが、家庭教育は個々の家庭において、食事、排泄、着衣や挨拶などの生活行動様式や人間関係など実際の生活経営上必要とされるものが、家族員相互の中で年長者から年少者へとインフォーマルな学習プログラムによって提供されるのに対して、家庭科教育（学校教育）は種々の生活課題の中で、特に生活文化として重視され、教育課題として必要とされるものをフォーマルなプログラムの中で提供してきました。また、家庭生活は家族や社会動向により変化するので、私たち生活者がより充実した生活を営むには、生涯にわたって継続的な学習が不可欠であるというのは、共通点です。

では、家庭生活に関して具体的には、どのような課題が存在するのでしょうか。

ハヴィガースト（Havighurst, R. J.）は発達課題という概念を体系的に理論づけ、「発達課題は、個人の生涯にめぐり来るいろいろの時期に生ずるもので、その課題を成就すれば個人は幸福になり、その後の課題も成功するが、失敗すれば個人は不幸になり、社会で認められず、その後の達成も困難になってくる。」（荘司雅子訳『人間の発達課題と教育』牧書店、一九八五、二一ページ）と、生涯学習の重要性と必要性を前提とした上で、幼児期から老年期までの発達課題を提示しています。

二　家庭教育の課題と教育基本法

家庭教育の中で今日において低下してきているのは、基本的な生活習慣、根気強さ、忍耐強さ、意思の強さ、お金やものを大切にする心などが中心であり、全体的に見ると金・物や生き方を含めて生活にかかわる面で教育力が変化してきています。加えて、二〇一一年度の全国の児童相談所における児童虐待に関する相談対応件数は五万九九一九件で、児童虐待防止法施行前の一九九九年度の約七倍に増加しています。また、子どもの生命が奪われるなど重大な児童虐待事件も跡を絶ちません（厚生労働省『平成二三年度社会福祉行政業務報告書』厚生労働省、二〇一二）。虐待を受けて育った親は、その多くがまた子どもへの虐待を繰り返すという虐待の連鎖や、学歴、収入や文化資本などに基づく家庭環境の差異が、子どもの学業成績と大きく関連性をもつなど、教育の格差拡大が顕著になってきています。すなわち、家庭の階層分化による教育力そのものについての検討も必要です。それは、家庭がともすれば家族員だけからなる密室状態であり、そこで行われる教育の営みの閉鎖性から生じる課題を内包していることによるものです。

文部科学省では、このような実態への対応として、たとえば二〇〇一年には「家庭教育支援の充実についての懇談会」を設け、家庭教育のあり方を検討し、家庭教育学級の活性化を図る、家庭教育手帳や家庭教育ノートなどの配布を行うなどの充実施策をとってきました。しかし、その成果は限定的であったといわざるを得ません。

家庭教育を教育基本法の下においたのは、従前の教育基本法を改正した二〇〇六年でした。すなわち、家庭教育に関する条項を第一〇条として新たに規定し、①家庭教育が子の教育について第一義的な責任を有することや生活のために必要な習慣や自立心を育成すること、②家庭教育の自主性を尊重しつつ、教育行政からの支援を講ずることなどを盛り込み、家庭教育を根本から支えるものとしました。このように、家庭生活に関する家庭教育が弱体化してきている状態であれば、同時にそれを補正する教育が学校教育中でも家庭科教育に求められます。

三　家庭教育と家庭科教育の連携

家庭生活においては、子どものしつけや基本的な生活習慣を身に付けさせるという家庭本来の機能を回復させることが重要で、そのために子どもの生活経験を豊かにさせる家庭の仕事の分担の機会やあり方を再考する必要があります。これらは、家庭科教育で扱う生活文化の隠れたカリキュラムに位置づけられ、生活文化の伝達と創造へと発展するものです。また、現行の教育課程で強調されている、学校教育で学習したことを活用し、活用力を育成する場ともなります。

一九八九年公示の家庭科教育からは、固定的な性別役割を見直し、男女共同参画社会を形成するという観点から、男女とも親になることや家庭生活を遂行する能力の育成を目標に掲げています。学校教育として男女が共に学ぶ家庭科では、家族の現実に生起する問題とかかわらせて、家庭生活の現実を生きた教材として扱います。そして、それを科学的にとらえ、一般化、理論化することによって得られる学習成果は、家庭生活にフィードバックされ、課題解決への道を開き、家庭生活の発展を図るものとなります。

高校生が高等学校において家庭科を「学んでよかった」とする理由は、「実生活に役立っている」や「他教科で学べないことが学べた」ということが過半数を占めているものの、「生活を多面的にみるようになった」や「他の人の意見が聞けた」などもあげられており、これらは家庭教育を補完する機能です（図１－２）。

家庭生活を一層充実させるには、家庭科教育は家庭教育と連携をとり、課題解決のために工夫し創造できる能力と実践的な態度を育成することを求められています。このように、家庭生活と家庭科教育という人間の生活を扱う分野の教育が、連携することによってより豊かな実りが保障されます。ただ、豊かな実りの保障には、学習時間の確保が重要ですが、現実の家庭科や技術・家庭科の学習時間はあまりにも少なく、目標を達成させるには、学習時間の確保という大きな課題が残ります。

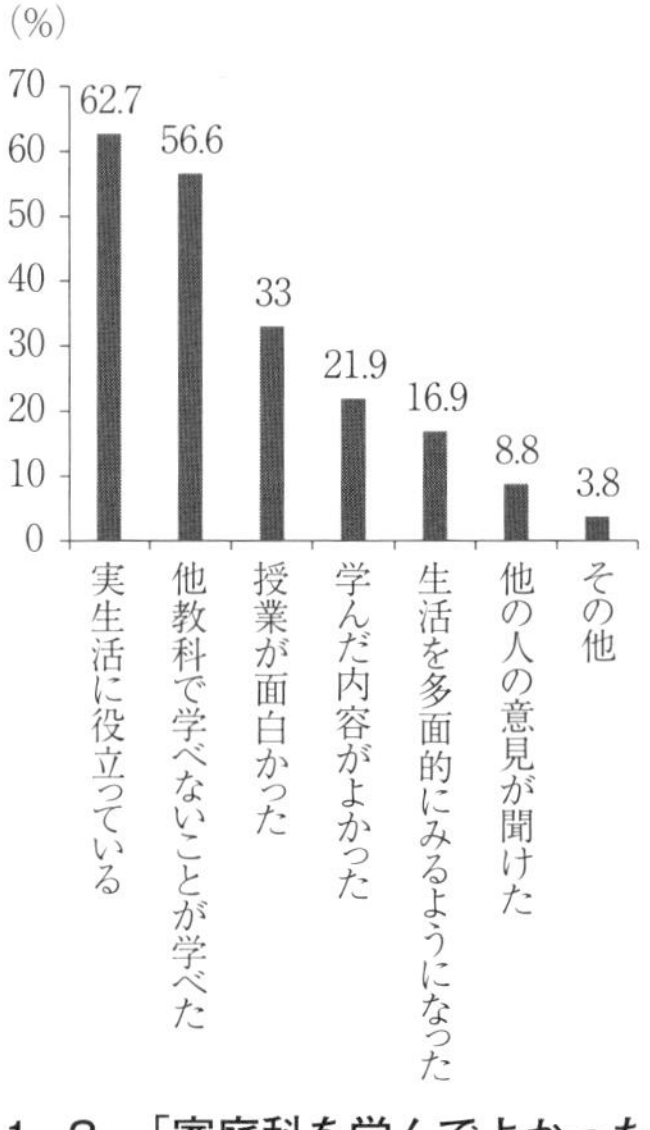

図１-２　「家庭科を学んでよかった」とする理由

出典）日本家庭科教育学会家庭科教育問題研究委員会「高等学校家庭科男女必修の成果と課題」2007年，p. 15

第四節　食育の基礎は家庭科教育

鈴木　洋子

一　食育は知識の伝達に終わってはならない

栄養素の名前や栄養素を含む食品を知っていても、その知識を実生活に活用しなくては、健康な身体を保持することはできません。家庭科では、生活の中の「なぜ、そうするのか」の部分を、科学的に指導することに努めています。行為の科学的な裏付けが、実践力の形成の推進力になるからです。たとえば「じゃがいもは水からゆでるのに、青菜は沸騰した湯に入れるのはなぜ?」「ご飯を炊く前に、米に水を吸わせるのはなぜ?」などです。食材の特性に合致した調理操作をすることにより、栄養素の損失を防ぎ、おいしく、時には見映え良く料理が仕上がります。優れた調理方法は、先人らの経験により、私たちに受け継がれてきました。調理科学の発達により、今では、その「なぜ」の部分の多くが解明されています。「調理のなぜ」を知ることにより、応用が利き、料理のレパートリーが広がります。調理ができることは、生活に対する自立心を養うことにつながります。また、自分が作った料理を家族や友達に食べてもらい、「おいしい」と言ってもらえた時の喜びは、自己肯定感を育み、食生活を楽しく豊かにします。

小学校においては、生活科や総合的な学習の時間など、家庭科の時間以外にも調理が行われています。「作りました」

「食べました」の体験だけに終わらせるのではなく、食品や料理についての知識にふれ、食への関心を広げる手立てを講じることも必要です。低・中学年の調理実習に系統性をもたせることが、家庭科の実習の充実につながります。調理室の使い方はもとより、ガスコンロや包丁の使い方を、すべての子どもたちが、家庭科が始まる以前に学習することにより、技能の習得をより確かなものにすることができます。調理に用いる食品についても、安全・衛生に留意したうえで、系統性をもたせることが肝要です。ちなみに家庭科では、学習指導要領において肉や魚の調理の基礎的事項を学習していない点や、鮮度の保持を考慮して、生の肉や魚は扱わないことになっています。低学年からの系統立てた指導を考案できるのは、長年家庭科に携わってきた先生方です。

二　食生活に対する基本的な姿勢は、家庭科で培われる

「〇〇を食べるとお肌がつやつやになりますよ」といったような消費者を惑わせるようなメディアからの情報に振り回されることなく、自らが情報を収集し、その情報をむしろ批判的にとらえて、的確に判断できる力を育てるのが家庭科です。家庭科における食生活の学びの過程を図1－3に示しました。食品添加物の授業を例にとれば、食品添加物をリスクとベネフィット（便益）の両面から理解したうえで、食べるか、食べないかを意思決定できる消費者を育てるのが家庭科です。何をどのように食べるかを決める時に、栄養や嗜好、安全に加え、費用、時間、さらに食料経済や環境などを視野にいれ、食生活を多面的にとらえて、食べ物を選ぶ力、すなわち食選力（選食力）の育成を家庭科は目指しています。したがって、家庭科は手作りばかりを奨励するわけではありません。時間的にゆとりのない際に、顆粒だしやだしパックを使用する選択肢もあります。ただし、煮干しや、昆布、鰹節によるだしの取り方が選

択肢の中に含まれないのでは、話は全く違ってきます。自らの生活と照らし合わせて、健康的でかつ安全でおいしいと感じられる食事をどのように整えればよいかを考え、実践できる力を家庭科では育成しています。

三　家庭科こそが、食育を保障できる

学校における食育の実践を想定する際に、学校給食、栄養教諭のキーワードを思い浮かべる方もおられるでしょうが、中学生のおよそ二割は給食を食べていません（文部科学省、平成二二年度学校給食実施状況調査）。中学校における給食の提供の是非については、栄養の偏りの是正や家事労働の軽減の面からの肯定的意見がある一方、中学生は成長に個人差が大きく、食事量に違いが生じる発達期にあるので給食より弁当がよいとの見方もあります。

給食を提供しているすべての学校に栄養教職員が勤務しているわけではありません。また給食の時間は、四、五〇分程度です。この限られた時間の中には、配食と後片付けが含まれています。すべての児童生徒に食育を保障するには、家庭科における食の学習を充実させる方が近道です。

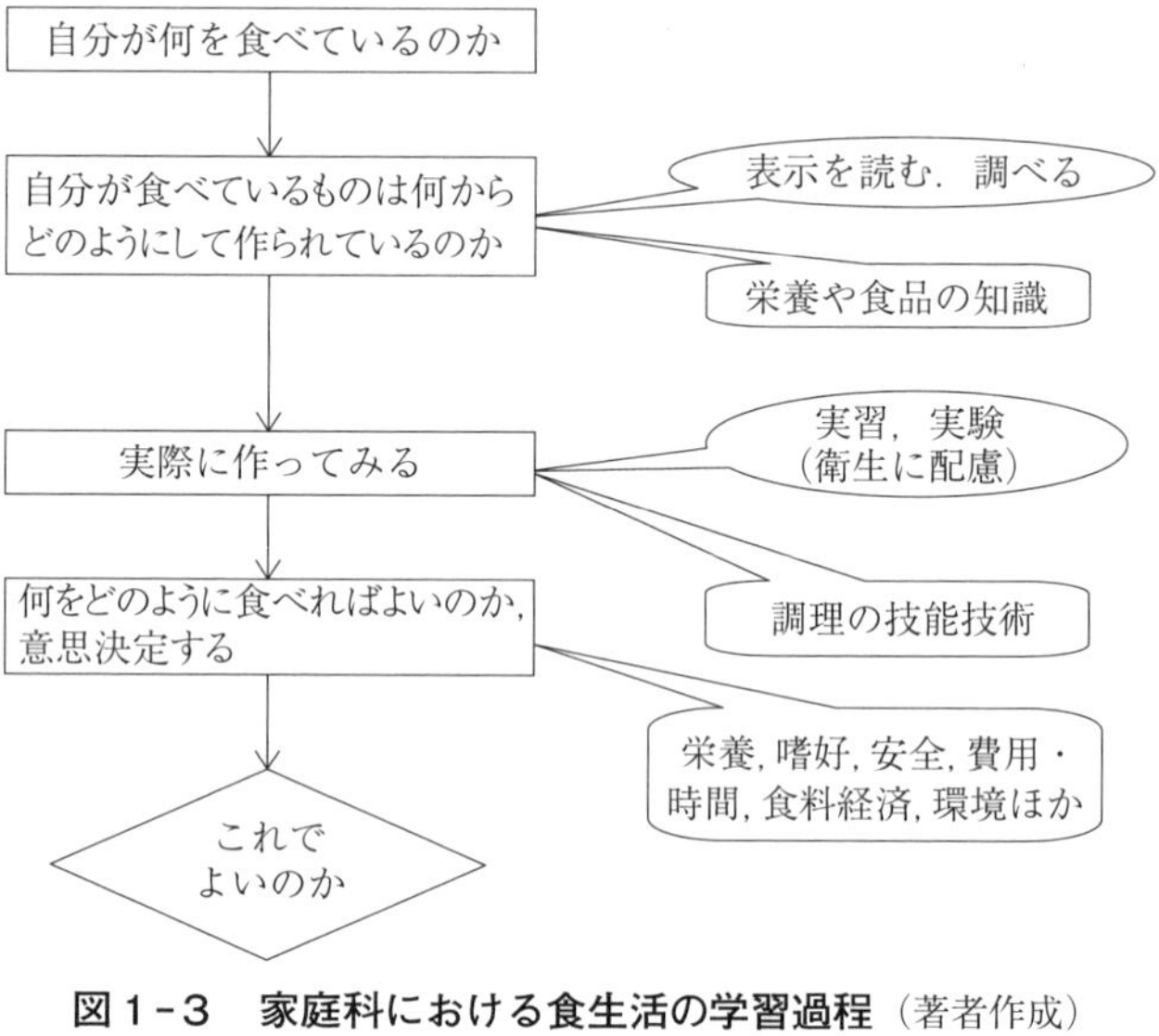

図１−３　家庭科における食生活の学習過程（著者作成）

四　家庭科は、食育を家庭生活の視点でとらえている

新聞に寄せられた一文を紹介します。

「息子は小学五年生。家庭科で調理実習が始まった。最初の実習は何かと尋ねると、『やかんでお茶を沸かして飲むんだよ』と言う。私の時は、確かシラス入りいり卵だった。それだけ?と言いたいところを、がまん。わが家では、麦茶を冷蔵庫で冷やして飲んでいる。だから、息子は急須でお茶を入れる習慣をほとんど知らない。翌日の実習で初めて入れたお茶は、おいしくて五杯も飲んだらしい。次の日曜の朝、彼がお茶を入れてくれると言う。しまい込んでいた急須、湯のみ、茶葉を用意する。これって、結局自分でお茶を入れてるのと同じよね、と心の中でつぶやく。学校ではお茶の葉をはかりで量ったらしいが、目分量でお願いする。びっくりするくらい少量の茶葉を急須に入れている。もう少し足すよう促す。四人分、同じ濃さになるよう、彼なりに考えて少しずつ湯のみに注いだ。テーブルで新聞を広げながら、ゆっくり味わう。おいしい。高級な茶葉でもないのに。涙が出てきた。『おいしいね。ありがとう』。座って待っていれば料理が運ばれてくる日が、少し近づいたかしら。」

（川崎市　戸倉智子／薬剤師・四二歳）（二〇一二年七月一〇日『朝日新聞』朝刊）

このように家庭科は、学校の学びを家庭での実践につなげています。日々の実践こそが、確かな生活力の育成に大切だからです。特定の価値観にとらわれることなく、生活を科学的にとらえ、系統立てて学ぶことは、家庭教育ではなく、家庭科教育だからこそできることです。

第五節　男女共同参画社会の原動力

髙木　直

一　変化してきた人々の意識

一九七五年に国連総会で女性差別撤廃条約が採択されて以来、国連レベルや各国において、社会のあらゆる場での性別による差別を解消すべく努力がなされてきました。わが国では、一九九九年に男女共同参画社会基本法（以下、基本法）が成立し、同法の前文で、男女共同参画社会の成立は二一世紀のわが国社会の最重要課題と位置づけ、男女が社会の対等な構成員として、社会活動や家庭生活を担っていくための基本方針が定められました。

このような情勢は教育政策にも表れ、一九八九年改訂の学習指導要領から、家庭科が小・中・高を通して完全に男女が共に学ぶ教科となりました。すでに家庭科を男女で学んだ世代は三〇歳代半ばを迎え、若い世代の家事労働や育児に対する考え方に変化が見られるようになってきました。たとえば、日本家庭科教育学会が社会人を対象に実施した調査で、高等学校で家庭科が必修になる前後で、男女の役割意識が異なることを明らかにしています（二〇〇七）。一例をあげると、家庭の中の日常の仕事について、高校生だったときの考え方を尋ねた設問で、「男女が協力して生活するのがよい」という回答が、家庭科必修前で家庭科を学んでいない人は三〇・八％であったのに対し、必修後で家庭科を学んだ人は六三・六％となり、家庭科を学んだかどうかで意識が大きく変わっています。最近、イクメンなどと呼ばれる育児に積極的な男性の登場が注目されていますが、これも意識の変化の表れといえるでしょう。

二　男女共同参画社会への課題

(1)　意思決定レベルの女性比率

男女共同参画社会の構築に向けて法律や制度が整備され、人々の意識にも変化が見られるようになりましたが、社会のさまざまな活動場面において、女性の意見があまり反映されていない実態があります。たとえば国会議員の女性比率は、二〇一一年一二月に実施された総選挙では七・九％となり世界で一六三位です。学校の管理職（校長・教頭）の女性比率もとても低く、女性教員が多いにもかかわらず管理職に就くのは男性ばかりという状況です。これらの例を見ただけでも社会の重要な場でいかに女性の意見が反映されていないかがわかります。

二〇〇五年に策定された第二次男女共同参画基本計画（二〇〇五）において「二〇二〇年までに三〇％」の目標を掲げましたが、現状は前述の通りです。日本は経済的には世界のトップレベルにありますが、女性の力を発揮できているかどうかという点においては残念ながら後進国といわざるをえません。

(2)　固定的な性別役割分業意識の克服

女性の活躍が少ない実態や女性の意見が反映されにくい背景には、「男は仕事、女は家庭」といういわゆる性別役割分業の考え方が社会全体にあるからだといえます。わが国では、今や既婚女性の半数以上が働いていますが、その約七割がパートなどの非正規労働者です。つまり、多くの女性が結婚や出産を期にいったん退職し、子育てが一段落した頃に勤務時間の短い形で再就職するという生活スタイルをとっています。結婚や出産にかかわらず働き続けたいと思っても、継続しにくい職場の体制や雰囲気があったり、保育所がなかったり、加えて、家庭生活を大切に考え、家事や育児を夫婦二人で力を合わせて営むという意識が社会全体で薄いことの現れと思われます。人間らしい真に豊かな生活にするには、仕事と家庭生活の両立が大切ですが、共働き夫婦が働きやすいような環境整備をしてこなかったためにさまざまな所にひずみが生じてきたといえます。固定的な性別役割分業の考え方は、男性にとっても女性にとっても生き方の選択肢を狭め、生きづらさを助長してはいないでしょうか。

三　家庭科でこそ学ぶ男女共同参画社会

一九九八年の教育課程審議会答申の中で、小・中・高の家庭科、および技術・家庭科の内容について「男女共同参画社会の推進、少子高齢化等への対応を考慮し、家族の人間関係や家庭の機能の理解、生活に必要な知識・技術の習得、生活をよりよくしようとする意欲と実践的な態度の育成を一層重視し、家庭のあり方や家族の人間関係、子育ての意義、生活と技術とのかかわり、情報手段の活用などの内容の充実を図る」と示されました。また、基本法に基づき閣議決定された第一次～第三次男女共同参画基本計画のいずれにも「男女共同参画を推進し多様な選択を可能にする教育・学習の充実」項目の具体的施策の中に「家庭科の充実」が取り上げられ、男女共同参画社会の原動力として特に家庭科に対して期待が込められています（表1－1）。

実際の小学校家庭科の学習では、小学校では家庭内の仕事をみつめ、自分でできることを増やしていきます。中学生・高学生になると、さまざまな法律や制度を学び、諸外国との比較を通して、男女の賃金格差や管理職の男女比、家事労働時間の男女差等について、わが国の特徴や問題点を見いだし、解決策を考えられるようになっていきます。

このような学習は男女が対等な人間関係のもとで安心できる生活基盤を構築するために必須であり、国際社会を生きるためにも男女ともに必要な力です。家庭科こそが、発達段階を見据えながら、基本法に謳われている「二一世紀の我が国社会の最重要課題」を学び、力を付けることができる教科となっています。

表1-1　男女共同参画基本計画に示された家庭科教育の重要性

第一次男女共同参画基本計画（2000年）
第２部　10. 男女共同参画を推進し多様な選択を可能にする教育・学習の充実
(1) 男女平等を推進する教育・学習
ア. 初等中等教育の充実
・家庭科教育の充実
家庭科教育については，男女共同参画社会の推進に対し，新しい学習指導要領（平成10年12月，平成11年３月改訂）において，家庭のあり方や家族の人間関係などに関する指導の充実を図っており，特に高等学校家庭科では，男女が相互に協力し，家族の一員としての役割を果たし，家庭を築くことの重要性について認識させることとしており，その主旨の普及・徹底に努める。

第二次男女共同参画基本計画（2005年）
第２部　10. 男女共同参画を推進し多様な選択を可能にする教育・学習の充実
(1) 男女平等を推進する教育・学習
ア. 家庭科教育の充実
家庭科教育については，男女共同参画社会を推進する観点から，学習指導要領に基づき，児童生徒の発達段階に応じて，男女が相互に協力し，家族の一員としての役割を果たし，家庭を築くことの重要性について認識させることなどとしており，その主旨の普及・徹底に努める。

第三次男女共同参画基本計画（2010年）
第２部
11分野　男女共同参画を推進し多様な選択を可能にする教育・学習の充実
11　男女平等を推進する教育・学習
イ　初等中等教育の充実
・初等中等教育において，児童生徒の発達段階に応じ，学習指導要領に基づき，社会科，家庭科，道徳，特別活動など学校教育全体を通じ，人権の尊重，男女の平等や男女が相互に協力し，家族の一員としての役割を果たし家庭を築くことの重要性などについて指導の充実を図る。
……

第六節　伝統文化は人々の生活の中にある

桑畑　美沙子・渡邊　彩子

一　伝統文化の継承・創造・発展のために

(1)　家庭科では、伝統的な生活文化が扱われている

伝統文化といえば、能・歌舞伎などの芸能、華道や茶道、写経、俳句や短歌だと思いがちです。しかし、それだけではありません。先人から面々と伝えられた衣食住の様式やしきたりも貴重な伝統文化のひとつです。

人々は、昔も、今も、暮らしを通じて地域の環境を認知・理解・評価し、さまざまな働きかけを行いながら生活の文化をつくり上げてきたし、つくり上げています。家庭科では、小学校でも中学校でも高等学校でも、先人がつくりだし伝えてきた生活の知恵を、生活文化としてとらえ、科学で裏づけながら学びます。

たとえば、小学校では、わが国の伝統的な日常食として「ごはんとみそしる」が取り上げられています。そこでは調理方法だけでなく、炊飯方法がかまどと釜からこんろと文化鍋、そして炊飯器へと変遷したことや、各地の味噌の作り方や種類、味噌を使った料理など、人々の生活の中で伝えられてきた知恵が文化として紹介されています。

(2) 生活文化のつくり手を育てる家庭科

家庭科で伝統的な生活文化を取り上げるのは、生活文化をつくり伝えてきた先人の偉大さに感服するためではありません。単に、生活文化を継承していくものとして認識するためでもありません。先人がつくった生活文化を学ぶことで、生活を見つめ、課題を見出し、その課題を解決しながら、新たな生活文化をつくっていく子どもの育成を目指すからです。さらに、グローバル化した今日の社会で、自分とは異なる文化や歴史を保有する人々と、共存しながら活躍していく子どもの育成をも目指すからです。

(3) 高齢者に伝統的な生活文化を学ぶ

従来、伝統文化は高齢者から子世代、さらに孫世代へと日常生活の中で伝承されてきました。しかし、今、その経路は途絶えがちです。

写真1－3は夜間の定時制高校で、地域の高齢者と共に調理実習した後で、「これまでの人生の歩みや思い、年を重ねること、生きること（つまり地域の伝統的な生活の営み）について」聞き取りをしている時のものです。写真から、子どもたちと高齢者の間にほのぼのとした交流がなされたことが感じとれます。

この授業実践で、家族に心を閉ざした状態で暮らしていた子どもの一人が、厳しく叱責する祖父の、言葉の奥にこめられた深い思いをくみ取り、「老人たちのことを嫌っている僕が、子どもに何かを残せるのかと、とても不安になり、もっと老人たちから学んで自分のためにも考えなければいけない」と感想を書いていました。

写真1-3　実習を終えて高齢者と生活文化について話し合う

このように、家庭科では伝統的な生活文化を取り上げることで、子どもたちの生きる力を引き出す実践が積み重ねられています。

二　衣生活の伝統文化と教育

(1)　伝統的な衣服から多様な文化を学ぶ

日本人が洋服を取り入れるようになったのはわずか一四〇年程前からですが、日常生活ではすっかり洋服が定着しました。一方、伝統的な衣服である和服（着物）は数回着ただけという人がほとんどです。若い人たちにはこの優雅で美しい民族衣装を着てみたいという気持ちはあるようですが、その機会はあまりありません。

中学校家庭科では、洋服の立体構成と和服の平面構成との違いを比較したりします。生徒は、和服が「長方形でできている」ことや「平らにたためる」ことに感心したり「簡素なよさ」を感じたりしています。

また、浴衣と帯、下駄を用意して着付け実習をした授業もあります。着用体験をした生徒たちは、「ひもや帯を結ぶのが難しかった」「体に合わせて着るのが難しかった」「思ったほど窮屈ではなかった」「落ち着いた感じがする」「通気性があって涼しい」などの感想をもつと共に、「日本の美を身近に感じた」「日本文化をよく知らなかった」など、生活に文化のあることに気づいています。

民族衣装の学習は、伝統文化の優れたところや先人の知恵に誇りを感じさせると共に、多様な文化、異文化を理解することにつながります。

(2) エコ学習にもなる伝統的な被服製作

現代でも半てんや甚平は着る人が多いでしょう。産着や浴衣の寝巻きなども、今も用いられています。これらは平面構成の伝統的な衣服が日常生活に溶け込んでいるものです。

高等学校家庭科の教科書では、衣服製作実習として半てん、はっぴ、甚平などの題材が紹介されています。また、小中学校で取り上げることのあるきんちゃく袋も平面から作ります。これらの製作により、布が直線的に裁断されて余りがでないことや、ゆとりがあるので体型が変化しても着られて、資源を有効に使うエコな衣服であることに気づきます。　従来、衣服は貴重だったので何度もほどいては作りなおし、最後は他のものにリフォームしてきました。実際、二、三〇年前まで、洗い晒した浴衣を赤ちゃんのおしめにする文化が続いていました。また、昔は作業着のつくろいや補強のために布を重ねて「刺し子」を施したり、古くなった衣服を裂いて糸とし、丈夫な「裂き織り」を作ったりしました。あるいは端切れでお手玉や縮緬細工を作っていました。

こうした技術は、現代では手芸として、衣料を大切に使いながら美しい物を作り出す暮らし方の知恵と共に引き継がれています。中高校生と高齢者との交流学習もお手玉作りなどを教わりながら行ったりします。

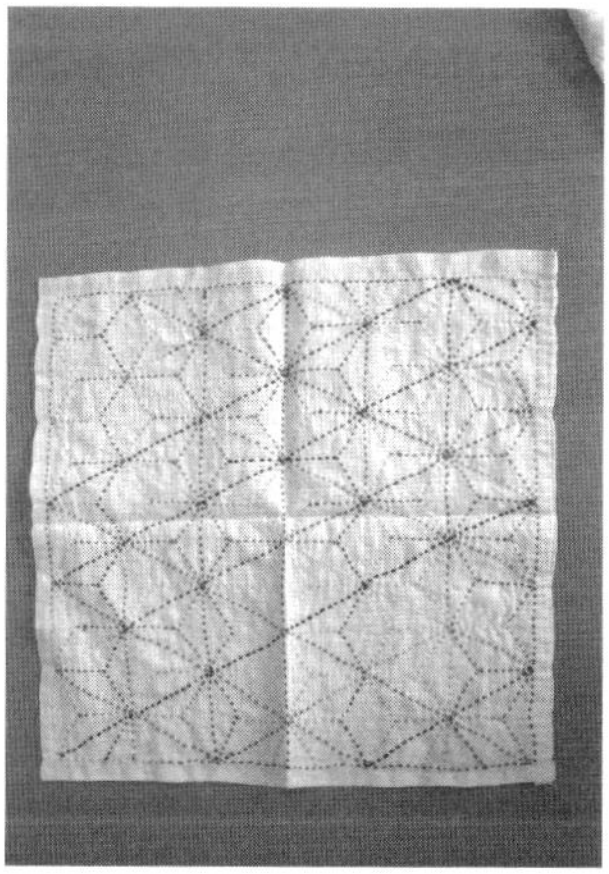

写真1-4　刺し子　伝統柄の花ふきん

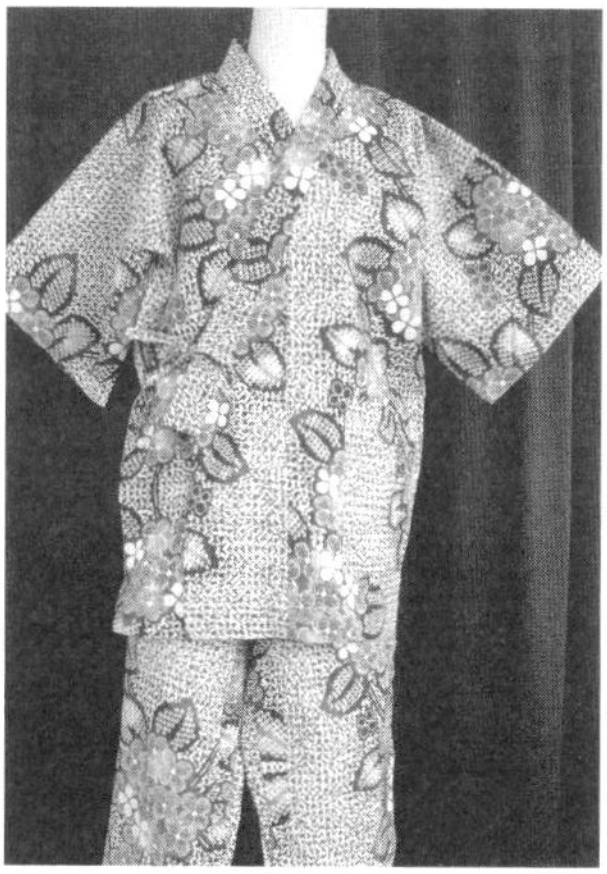

写真1-5　平面構成の教材　甚平の例

(3) 物と生活とのかかわりを知る

現代では、自分が着ている衣料の製作工程を見ることはまずありません。できているものを購入して、着なくなったら廃棄するだけの生活からは資源を大事にする発想は生まれません。

ある高校の家庭科授業では、植物染料を使った染色や地域の伝統工芸の組紐を作ったりしながら、製作工程の労力や、製品の安全性と堅牢さを求めて作る物と人のかかわり方を学習しています。別の高校では、地場産業である織物を体験して、繊維から布ができるまでを知り、衣料の貴重なことを実感しています。また、伝統的な色や模様に新鮮さを感じています。

これらの授業では、昔からの手作りの優れた技術に接して、衣服や衣生活について学ぼうという好奇心が生まれ、衣料を大切にする暮らし方や伝統産業を伝えていきたいという感想をもつようになりました。物や環境との体や手を使った確かなかかわりは、生きることを実感させてくれます。

(4) 衣生活から季節や家族の健康・成長を考える文化

伝統的な暮らしの中の習慣や行事は、日本の気候風土に合わせた合理性や、健康・成長を願う意味がありました。その一部は衣替えや七五三、成人式などとして生活の中に生きています。衣服や身の回りの物と暮らしの節目との結びつきから、人々の暮らしへの願いがわかります。着用した着物は風通しやしみぬきを日常こまめにして、洗濯は最小限にしました。現在では一斉の衣替えや虫干しもあまりされなくなりましたが、高温多湿な気候風土を克服する暮らし方は、エコの観点から見直したいものです。

家庭科を学びながら伝統的な生活文化を学び、若い人がこれから生きていく選択肢が広がって自立につながることを願っています。

三　食生活の伝統文化と教育の役割

(1) 日本の伝統的な食文化、和食！

政府は、「和食」を、料理そのものではなく、「自然を尊ぶ」私たちの気質に基づいた「食」に関する「習わし」と位置づけて、二〇一二年にユネスコの無形文化遺産に登録申請しています。和食は「うま味」を上手に使うことによって動物性脂肪の少ない食生活を実現しており、長寿、肥満防止に役立っています。

家庭科では小学校でも、中学校でも、高等学校でも、一汁三菜を基本とする日本の食事スタイルを取り上げ、脂肪過多に陥りやすい子どもたちに、「和食」の良さを認識させた上で、日常生活での実践を目指しています。

(2) 食文化は地域の風土と深いかかわりがある

日本の地形は南北に長く、海、山、里と表情豊かな自然が広がっています。そのため、各地に、地域に根差して生産された食材が多様にあり、それらの食材を用いた地域独特の料理が伝承されています。

たとえば、熊本には、小麦粉を使った料理がたくさんあります。小麦粉を使っただんご[1]（だご）の料理として、いきなりだご、べろだご、切りだご、焼きだご、石垣だご、だご汁などがあります。だご汁とは、味噌や醤油で味つけした汁にだごと野菜を入れたもので、だごの種類も、切りだご、つん切りだご、いきなりだご、お姫さんだご、芋あんだごなど多彩です。なぜ、熊本では小麦粉を使った料理が豊かに伝承されているのでしょうか。それは、熊本が日本でも有数の小麦産地だったからです。小麦は、涼しく乾燥した気候を好みます。日本では稲を刈り入れた後の裏作として栽培されてきました。熊本は南国九州に位置する県ですが、冬の寒さは京都並みといわれるくらい、九州の中では寒冷な地域です。

熊本における小麦を使った食べものの多さと小麦生産の関係から、先人らは命をつなげていくため、風土をいかして栽培した作物を最大限に利用し、知恵をしぼり、工夫をこらして、さまざまな食べものをつくりだし、伝えてきたことがわかります。食生活にある伝統文化（＝食文化）は創造され、伝承されているのです。

食文化が地域の風土と深くかかわっていることは、日本だけでなく、世界に目をひろげてもわかります。たとえば、フランスの小麦は穴のあいたフランスパンに、イタリアのデュラム小麦はパスタに適しています。同様に、日本の小麦はうどんやだごやだご汁に適した中力粉です。フランスやイタリアの人が「おしゃれ」だから、フランスパンやパスタなのではありません。その風土で生産される食材を最大限においしく食べる工夫として、どの国でも、どの地域でも、伝統的な独特の食べもの、食文化がつくりだされ、伝えられています。

写真1-6　いきなりだご

秋の農繁期の「こびる（おやつ）」。1cm強に輪切りしたさつま芋を，小麦粉・水・塩・を合わせて硬めにこねて薄く延ばした「だご」で，包んで蒸す。手早く，あっという間にできるので，こう呼ばれる。現在は，小豆あんを入れて市販されている。

(3)　家庭科の授業でだご汁を取り上げる

海抜三〇〇～七〇〇ｍにある火山灰土の寒冷な地域、阿蘇で、だご汁を取り上げた家庭科の授業があります。

教師は、子どもたちにだご汁について話しました。田畑が少なく、単位面積あたりの米の収量も低い阿蘇では、ほとんどの人が貧しい暮らしをしていたこと、裏作で作った小麦は米を節約する貴重な食材であったこと、冬の夕方になると、どこの家でも、大きな延べ板の上でトントンとだごを打っていたこと、隙間風の入る住まいで、だごについた粉で汁にとろみがつき、最後の一滴まで暖かいだご汁を、家族全員で食べていたこと。だご汁は冬一番の「ごちそう」であったこと、野菜をたっぷり入れるので栄養的にも良く、おまけに主食と副食を兼ねているので、家事の合理化にもなること、薄くのばして切っただごは、小麦粉の量に比して腹もちが良かったこと等々……。だご汁を食べてきた自身の経験だけでなく、祖父母や親から子ども時代に聞いた話を交えて語りました。いつも賑やかな子どもたちが真剣なまなざしで教師の話を聞き、次の時間にも話をねだったとか。教師はとうとう二時間語り続けました。

子どもたちは、いのちを生み出し育むためにつくられ、脈々と伝えられてきた先人の知恵を学びとりました。さらに授業後の感想文に、自分たちも先人のように知恵をしぼり、工夫をこらす人になろうと書いた子どももいました。

(4) 郷土の伝統や文化を継承し、発展させる教科は、家庭科

中央教育課程審議会答申（二〇〇八）に、わが国や郷土の伝統・文化を継承・発展させる教育の必要性が示されています。家庭科の教科書には、一九九〇年代から「地域の食文化」を学び、現在および将来の食生活を見直そうと書いてあります。教科書に先立ち、教育現場では、一九七〇年代から地域の食文化を取り上げた授業実践が行われています。そこでは、地域の食文化を取り上げたことで、自身の食生活を見つめ、課題に気づき、よりよい食生活を目指して今の暮らしをどう変えようかと考える子どもたちの姿が数多く報告されています。

【注】

（1）名称は異なるが、すいとん、はっと、ほうとう、だんご汁など、小麦を使った料理は日本各地で食されている。食事の手間を省きたいときにささっと準備してささっと食べられる、簡潔迅速で腹持ちのいい食べものとして受けつがれている。

第七節　子どもが見つめる自己のキャリア・経済生活

伊藤　圭子

一　キャリアとキャリア教育

産業構造や労働環境の変動のもとで、若者の失業者、フリーター、ニートなどの増加現象が問題となっています。このような深刻な雇用状況は、若年層における社会人・職業人としての資質の欠如やその背景にある精神的・社会的自立の遅れが問題となり、学校から社会・職業への移行をめぐる教育が社会的課題となりました。そのため、学校教育における従来の職業教育および進路指導を刷新してキャリア教育という語が用いられるようになりました。

中央教育審議会「今後の学校におけるキャリア教育・職業教育の在り方について」（二〇一一年一月三一日答申）において、キャリア教育は「一人一人の社会的・職業的自立に向け、必要な基礎となる能力や態度を育てることを通して、キャリア発達を促す教育」、キャリアは「人が、生涯の中で様々な役割を果たす過程で、自らの役割の価値や自分と役割との関係を見いだしていく連なりや積み重ね」ととらえられています。すなわち、キャリアは人間として自立した生き方と深くかかわる概念であり、キャリア教育はどう主体的に生きるかを問う教育と理解されます。

キャリア教育は小学校段階から発達段階に応じて、望ましい職業観・勤労観を育み、社会人・職業人として自立できる基礎的・汎用的能力を身につけさせることがめざされています。具体的には「人間関係形成・社会形成能力」「自己理解・自己管理能力」「課題対応能力」「キャリアプランニング能力」の育成を主軸とした体系的な推進が示されています。これらの能力は、日常生活の中で繰り返し活用されることによって、生活の中での意味をもち、各人の生き方に結合されます。

二　キャリア教育の基盤を学ぶ家庭科

キャリア教育の創始者スーパー（Super, D. E.）は、生涯において人間は職業人だけでなく、家庭人、地域人や社会人などさまざまな役割を重複して果たしながらキャリアを積んでいることを指摘しています。人間生活は複合的なものです。人間の生活を認識対象とする家庭科も、〝私〟がどのように生活するかという視点から、自分の価値観や役割によるライフスタイルを構築し、さらにより広い視野に立つ市民を育成してきた教科です。社会がいかに変容しようとも人間として豊かな生活を営める生活実践力を育成しています。

これまで家庭科で学習している内容とキャリア教育で育む基礎的・汎用的能力との関連を表1－2に示します。家庭科の学習内容はキャリアの基礎を創っているといえます。そして、家庭科ではこの観点からの教育を小学校から高等学校におけるカリキュラムの中で既に行っています。たとえば、「人間関係形成能力」にかかわるコミュニケーションの技能を、家庭科では日常生活での家族や地域の人々とのかかわりの中で学んでいます。子どもの現実生活を媒介に学んだ能力は、将来の子どもの生活に還元されやすくなります。家庭科では、家庭生活・地域生活・職業生活を統合して、自らの自立や将来に向けての生き方を想定します。そして、〝私〟の創りたいライフスタイルに合わせて、

表1－2　キャリア教育と家庭科学習内容との関連

キャリア教育 基礎的・汎用的能力	小学校 （家庭）	中学校 （技術・家庭）	高等学校 （家庭総合）
人間関係形成・ 社会形成能力	A　家庭生活と家族 (2) 家庭生活と仕事 (3) 家族や近隣の人々とのかかわり	A　家族・家庭と子どもの成長 (2) 家庭と家族関係 (3) 幼児の生活と家族	(1) 人の一生と家族・家庭 イ　家族・家庭と社会 (2) 子どもや高齢者とのかかわりと福祉
自己理解・ 自己管理能力	A　家庭生活と家族 (1) 自分の成長と家族	A　家族・家庭と子どもの成長 (1) 自分の成長と家族	(1) 人の一生と家族・家庭 ア　人の一生と青年期の自立
課題対応能力	A　家庭生活と家族 B　日常の食事と調理の基礎 C　快適な衣服と住まい D　身近な消費生活と環境	A　家族・家庭と子どもの成長 B　食生活と自立 C　衣生活・住生活と自立 D　身近な消費生活と環境	(1) 人の一生と家族・家庭 (2) 子どもや高齢者とのかかわりと福祉 (3) 生活における経済の計画と消費 (4) 生活の科学と環境 (5) 生涯の生活設計
キャリア プランニング能力	D　身近な消費生活と環境	D　身近な消費生活と環境	(3) 生活における経済の計画と消費 (5) 生涯の生活設計

出典）小学校学習指導要領（2008），中学校学習指導要領（2008），高等学校学習指導要領（2009）に基づき筆者作成

生活キャリア、職業キャリア、市民キャリアなどを複合的に積んでいくことを学んでいます。

特に生活設計の学習は表1－2に示す四能力のすべてにかかわり、自分の将来の進路に伴う重要な意思決定に影響を及ぼし、社会での主体的行動の原点となります。自分の生涯を見通し、健康、安全、環境、消費者、権利・義務、貧富などに配慮する視点を育んでいます。この学びは、家庭生活と社会的課題との関係性に気づかせ、生活者としての責任と社会を構成し支えていく自覚と問題解決能力を育成します。家庭科は人間の生涯を縦断的に、そして現実の生活場面を横断的に学ぶことによって、キャリア教育の基盤を創っているといえます。

三　経済生活について学ぶ家庭科

ライフスタイルの大きな部分を占めているのが

職業です。私たちにとって職業は、社会の一員としての役割や責任を果たし貢献する社会的機能や、社会的承認を得ることによって、生きる喜びや生き甲斐を得ることが自己実現に繋がり、成長・発達する機能をもち、さらに、私たちが生活を営むうえでの糧となる収入を得るという経済的機能をもっていることはいうまでもありません。自分で収入を得て、それを自分や家族の生活のために管理することは、自立した生活者となる条件の一つです。

しかし、将来の生活を具体的に思い描けず、経済的に自立することが自分の生き方や家族の生活に多大な影響を与えることを理解しにくい子どもが少なくありません。家庭科では、生涯にわたる〝私〟の生活設計をシミュレーションしながら、生活に必要な収入、能力、環境は何かを計り、それをどのように調整するかを学習し、計画的経済生活を考えてキャリアを積んでいく必要性を学びます。ライフステージの課題やワーク・ライフ・バランスのための条件整備やキャリアプランニングおよび金銭や時間などの生活資源やリスクのマネージメントも学びます。

子どもたちが未来に希望をもち、真剣に授業で課題に取り組み、いきいきと生活実践に生かし、悔いのない生涯を全うできるように願ってやみません。

第八節　持続可能な社会を実現するライフスタイル

井元　りえ

一　持続可能な社会と家庭科

自然環境との共生や社会的公正を重視した持続可能な社会の担い手を育成するために、「持続可能な社会」という言葉が、新学習指導要領（実施は、小学校が平成二三年度、中学校が二四年度、高等学校が二五年度）に盛り込まれました。「持続可能な（sustainable）」という言葉は、「持続可能な開発（sustainable development）」という国際的なキーワードに由来しています。これは、「環境と開発に関する世界委員会」が一九八七年に公表した報告書「我々共有の未来（Our Common Future）」の中心的な考え方として取り上げた概念で、「将来の世代の欲求を満たしつつ、現在の世代の欲求も満足させるような開発」のことをいい、環境と開発を互いに反するものではなく共存し得るものとしてとらえ、環境保全を考慮した節度ある開発が重要であるという考えに立つものです。

家庭科では、社会において主体的に生きる消費者をはぐくむ視点から、消費のあり方および資源や環境に配慮したライフスタイルの確立を目指す指導を充実することとなっています。

二　個人の努力と他者との連携による持続可能な社会の実現

これまで、家庭科では、日々の生活を見つめ、問題点に気づき、その解決のために必要な情報を収集し、自分に合った解決方法を選択・実践し、生活をより良く創造していく問題解決学習を行ってきました。問題解決学習は、小・中・高すべてにおいて、さまざまな学習内容について行いますが、特に、高等学校では、一九四八年から行っているホームプロジェクトと学校家庭クラブで、図1－4のような方法で学習をしてきました。ホームプロジェクトは、自分自身の家庭生活を見直し、さまざまな課題について解決を目指して計画を立て、実践し、評価することによって学習を深めていく活動です。また、学校家庭クラブ活動は、家庭科の学習で得た知識や技術を用いて、学校生活や地域生活の課題を解決していこうという学習活動です。そのテーマ例としては、地域のリサイクル運動に参加しよう、校舎と地域のバリアフリーについて調べよう、などです。

一方、国連の持続可能な開発のための教育（二〇〇二～二〇一二）では、学習方法として、「関心の喚起→理解の深化→参加する態度や問題解決能力の育成」を通じて「具体的な行動」を促すという一連の流れの中に位置づけることが重視されており、個人が意識を変えて行動に移すと共に、他者と連携して取り組んでいくことが必要とされています。これは、正に、家庭科がこれまで行ってきた生活課題に対する問題解決学習の方法を生かすことによって、持続可能な社会をつくる生活者を育成することができることに他なりません。

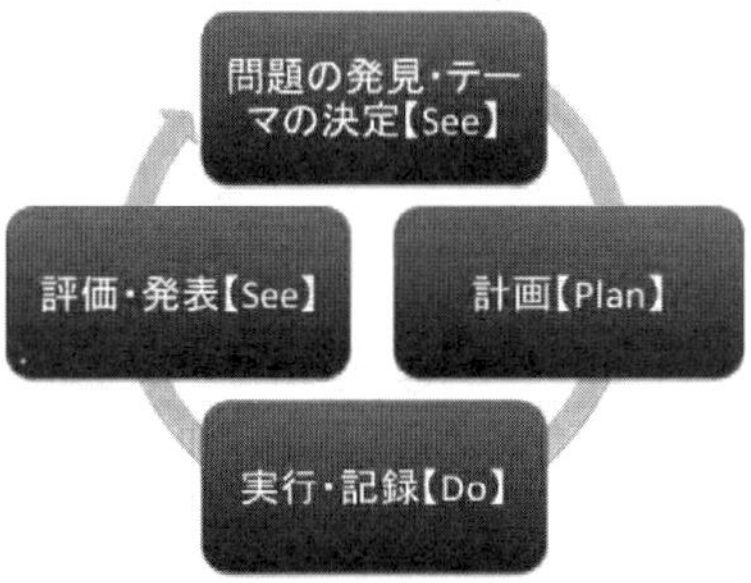

図1－4　持続可能な社会の実現をめざす問題解決学習（ホームプロジェクト・学校家庭クラブ活動の例）

三　家庭科で育む持続可能な社会を実現するライフスタイル

家庭科で実際に学習している内容をみていきましょう。

小学校と中学校では、持続可能な社会の構築など社会の変化に対応して、主体的に生きる消費者としての態度を育成する視点から、「身近な消費生活と環境」という内容を設定しています。

小学校では、具体的には、児童に身近な物の選び方や買い方、環境に配慮した物の活用などの学習について、他の三つの内容（家庭生活と家族、日常の食事と調理の基礎、快適な衣服と住まい）との関連を図り実践的に学びます。たとえば、調理の時に「環境を考えて後片付けをしよう」という内容が含まれています。使う水の量や排水の汚れに気をつけ、ごみを減らす工夫をすることを学びます。また、住まい方については、夏については、冷房器具の上手な利用の仕方や、グリーンカーテン、よしず、すだれ、水まき、屋上庭園の効果を学習します。冬については、日光を上手に取り入れ、室内の暖かさを逃がさない工夫、さまざまな種類の暖房器具の特徴を生かした利用、環境共生住宅、などを考えます。また、着なくなった衣類のリユースの仕方や、容器包装のリサイクルの仕方や、洗剤を必要以上に使うとすすぎの時に多くの水が必要になることや、余分な洗剤で川や湖をより一層汚すことにもなることを学習します。

中学校では、中学生の消費生活の変化を踏まえ、自分や家族の消費生活が環境に与える影響について考え、環境に配慮した消費生活について工夫し、実践できるように学習をします。

たとえば、調理では、買い物、調理、後片付けの段階で環境に配慮する工夫であるエコクッキングについて学びます。また、生活に必要な物資・サービスの選択、購入に当たっては、環境配慮の視点の必要性を知り、品質表示やマークを適切に活用できるようにします。また、使い捨て容器とリサイクル可能な容器、食品の包装などの具体的な事例から、価格や利便性などのほか、環境との関わりの点から比較検討します。また、家庭での水、ガス、電気の利用状況やごみの減量化を取り上げ、生活の仕方と環境との関わりを考えた実践ができるように学習します。

高等学校では、生活にかかわる経済的な視点や生活文化の伝承と創造の視点を踏まえて、持続可能な社会の構築に向けて、科学的な根拠に基づいた実践力を身に付け、持続可能なライフスタイルを確立することを重視しています。たとえば、科目「家庭総合」では、食生活においては、資源、エネルギーに配慮した購入、調理、保存などの知識と技術を習得し、フードマイレージや地産地消などを取り上げ、生産から消費に至る過程における食の安全・衛生について理解します。また、衣生活においては、資源・エネルギー問題や環境保全に配慮した再利用や適正な廃棄の方法などを具体的に取り上げ、衣生活の管理が適切にできるようにします。また、資源の有効利用の観点から、購入、活用、手入れ、保管、再利用、廃棄までを考えた循環型の被服計画ができるように理解します。住生活については、地球環境に配慮し、自然環境や社会環境と調和した住居の環境について考え、さらに、消費生活については、経済のグローバル化や流通の発達などについて国際的視点から考え、持続可能な消費の重要性を理解し、真の豊かさとは何かを考えます。たとえば、フェアトレードについて取り上げ、途上国の生産者の人々の労働環境も考慮しながら、商品を選択できる消費者を目指します。さらに、循環型社会基本法、家電リサイクル法、容器包装リサイクル法、グリーン購入法などのさまざまな法律についても学び、企業のＩＳＯ１４００１などの環境マネジメントへの取り組みについても学びます。

家庭科では、持続可能な社会を目指すために、個人のライフスタイルの変革と地域で取り組む活動の実践と共に、生活者・消費者の視点で国や世界を見つめ、社会システムの改善点をも提案できる子どもたちを育てています。

第九節　ワーク・ライフ・バランス（WLB）のとれた社会にむけた家庭科の学習

大竹　美登利

一　ワーク・ライフ・バランス（WLB）の意味

(1)　少子化対策としてのWLBの推進

日本の少子化は深刻で、世界保健機構世界保健統計（二〇一一）による合計特殊出生率は一九一ヵ国中下から三番目です。少子化対策として国はエンゼルプラン（一九九四）・新エンゼルプラン（一九九九）などを打ち出し、保育サービス・育児休業制度の充実など様々な施策に取り組んできましたが、必ずしもその効果があがっていません。一方、男性の育児・家事時間が長いほど出生率は高いことが、世界や（図1－5参照）日本で（厚生労働省、二〇〇九年「第七回二一世紀成年者縦断調査」）確認されるに至り、国は二〇〇七年に「官民トップ会議」で男性も育児参加できる働

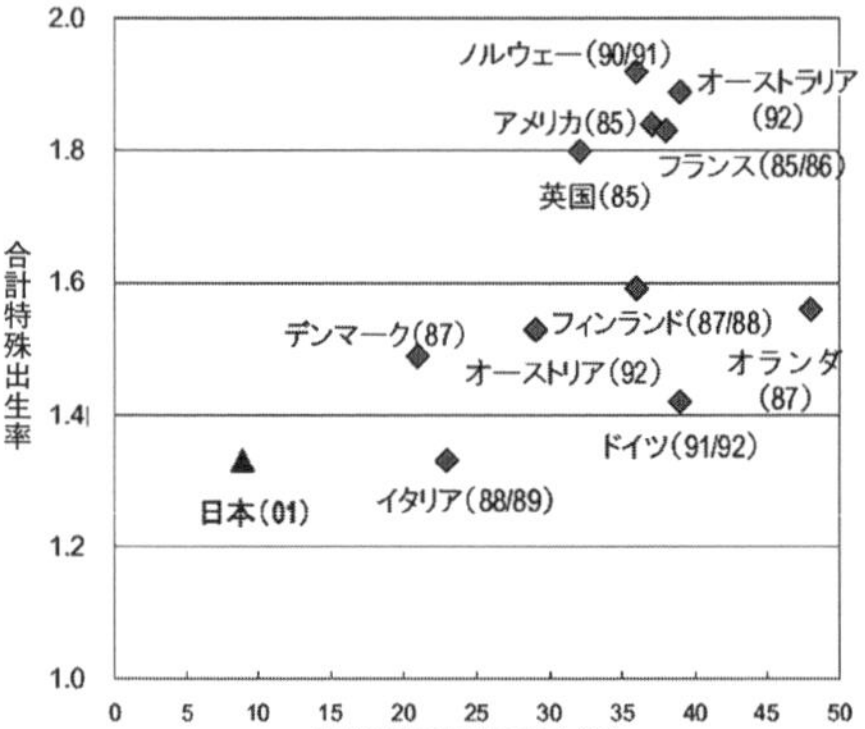

図1-5　男性の家事・育児時間（無償労働）と出生率

出典）内閣府共生社会政策室少子化対策 HP
資料）UNDP "Human Development Report 1995"
総務省「社会生活基本調査」（平成13年）

き方を推進することを目的に、「仕事と生活の調和（WLB）憲章」・「仕事と生活の調和推進のための行動指針」を策定しました。これまでの少子化対策が家事育児を担う女性への支援政策であったのに対して、WLBは長時間労働の抑制や余暇時間の充実など、若者、高齢者、単身者など多様な人々へその恩恵が広がる政策です。

(2) 長時間労働の解消や男女共同参画推進といった日本の課題に応えるWLB

カローシ（過労死）が国際語になるほど日本の長時間労働は有名で、過労死や過労自殺の認定基準「脳血管疾患および虚血性心疾患等」「心理的負荷による精神障害」の発生数は統計を取り始めて以後減少していません。また、日本のジェンダーギャップ指数は一三五ヵ国中一〇一位（二〇一二年「世界経済フォーラム」）と低く、男女平等は進んでいません。内閣府はWLB行動指針で、育児支援に留まらず、一．就労による経済的自立が可能な社会、二．健康で豊かな生活のための時間が確保できる社会、三．多様な働き方・生き方が選択できる社会の、三つの社会の実現に向け、若者や母子家庭の就業支援、非正規から正規雇用への移行、労働時間関連法案の遵守、長時間労働の規制や休暇取得の促進、柔軟な働き方の制度確立などの政策を打ち出しました。

(3) WLBの実現に有効なワークシェアリング

WLBの実現の要は、労働時間の短縮です。WLBに積極的に取り組むヨーロッパ各国の中でも、オランダはワークシェアリングでWLBを達成した成功例として有名です。オランダは一九八〇年代に増大した失業者を解消するために労働法を改正し、八時間労働で一人を雇う代わりに四時間労働で二人雇うというワークシェアリングを推進する労働時間調整法を制定しました。成功のカギは正社員労働者と短時間労働者の時間当たり賃金が平等な同一労働同一賃金制の徹底にあると言われています。男女の賃金格差や短時間労働者と正規労働者の賃金格差が大きい日本でのオランダ型WLBの達成は、まだほど遠いようです。

二　家庭科でのワーク・ライフ・バランスの学習の展開

(1)　家庭科の新学習指導要領ではＷＬＢの学習を明記

二〇〇八年の中央教育審議会答申家庭科の改善の基本方針では「少子高齢化や家庭の機能が十分に果たされていないといった状況に対応」が示され、二〇一〇年に出された高等学校学習指導要領の解説家庭編に「家事労働と職業労働を取り上げ、それぞれの意義と特徴、現状と課題などについて理解させる。さらに、職業労働の在り方は、家庭生活に大きな影響を及ぼしており、仕事と生活の調和（ワーク・ライフ・バランス）のための条件の整備などについても考えさせる」ＷＬＢの学習が取り上げられました（「家庭総合」）。

ＷＬＢは仕事時間の減少だけでなく、家事労働や余暇活動の意義と重要性、また、必要最低限の生活費、その収入を得るための職業労働（賃金）の重要性など、多面的要素を統合した上に形成されるライフスタイルです。家庭科では生活費、家事労働の意義と特徴、職業労働の在り方の家庭生活への影響、有償労働・無償労働の意義と時間配分、性別役割分業をこえた対等な人間関係・家族関係の構築、子どもの成長と発達をふまえた育児のあり方など、生活の多様な要素を総合的に結び付けながらライフスタイルを創造する教科で、ＷＬＢを担う生活者育成の教科として期待されます。これまでも家庭科ではＷＬＢに繋がる学びが展開されています。その一部を次に紹介しましょう。

(2)　ＷＬＢに気づく小学校家庭科生活時間の授業

小学校五年生四〇名を対象に二〇〇七年に行った授業です。一回目（一時間）は毎日どんな行動に何時間を使っているかを思い出しながら確認し、自分と家族（誰か一人）の二四時間の生活行動を記録してくる生活時間調査を宿題にしました。二回目・三回目（各二時間）ではこの時間記録から行動の種類とそれに費やした時間量を算出し、平日・

休日別、男女別、小学生・中学生・父母・祖父母などの立場の違い別に比較して、気づいたことを記述したり話し合ったりしました。ここでは「平日が趣味や学習、睡眠、洗面などの時間が多くて、休日はテレビ・漫画の時間が多い」といった小学生の実態や、「お母さんは家事の仕事が多い」「お父さんはお金を稼ぐために長い時間仕事をしている」といった性差「平日は二人とも（父母）仕事があって休みや楽しむ時間が少ない」など仕事と余暇の時間の偏りなどに気づきました。抽象的なＷＬＢではなく、自分たちの生活の実態からＷＬＢにつながる授業が展開されるのが家庭科の特徴といえましょう（小野恭子『東京学芸大学附属学校研究紀要』三六巻、二〇〇九、六五～七三頁）。

(3) 生活費と働くことを結びつけた高校の授業

二〇〇八年に、都立高校普通科一年生二クラス七六人を対象に「家庭総合」全一〇時間で生活費の授業を行いました。食費は、前日に食べた食事を書き出し、栄養的な吟味も行いその食事にかかった費用を算出しました。住居費は一人暮らしで住みたい物件を住宅チラシから選び、被服費では買いたい服を書き出すなど、生活に必要な具体的なものを積み上げて一月の生活費を算出しました。さらに、アルバイトでその生活費を稼ぐとしたら何時間働く必要があるかを計算し、正社員との比較などを通して、結婚、子ども、働き方の将来展望を考える授業を行いました。「労働時間が長すぎると思ったので、生活費をできるだけ節約して安く済ませたい」など、生活費と労働時間のバランスに言及した意見がありました。また、一人暮らしの生活費はアルバイトでも週六日ほど働けば稼げること、しかし子どものいる四人世帯の生活費を稼ぐには一人のアルバイトでは稼げないことがわかり、「一人暮らしならアルバイトでもよかったけど、家族四人で暮らす生活費はアルバイト労働では無理」「夫婦二人ならいいけど子どもを学校に行かせるには共働きしないと」「子どもがいると一緒に遊んであげる休日が必要。正社員になって休みを週二日は作りたいと思う」など、生徒が生活費と絡めたＷＬＢの見通しを持つに至った授業でした。（実践者：鎌田美穂）

第二章　子どもの発達をささえる家庭科

第一節　子どもが大好きな家庭科

河村　美穂

一　子どもがワクワクする家庭科

家庭科の学習は小学校五年生からはじまります。小学校に入学して四年生までの間、子どもたちは校舎の中にある家庭科室の前を通りながら、「どんなことをするんだろう」「どんな勉強なんだろう」と期待を膨らませています。たとえば、食育の授業ではじめて家庭科室を利用して学習した小学二年生の児童の感想には、家庭科を学びたいという意欲や、家庭科の授業への期待がよく表れています（表2－1）。この感想から、子どもたちにとって家庭科は、ワクワクするような学びととらえられていることがわかります。

実際に家庭科を学びはじめる小学五年生になると、家庭科は大好きな教科の一つになります。ベネッセの調査（二〇〇六）によれば、好き、まあ好きという回答をあわせるとその数は八〇％を超えて、過去の調査よりもその数を増やしています（表2－1）。それは、どのような理由によるものなのでしょうか。

まず一つには、何かができるようになること、見える形で成果が示されることによると思います。小学校の家庭科では、一つずつ自分のできることを増やしていきます。たとえば、食べること、着ること、家族のために心を砕くこと、など一つずつ生活の中で人とかかわり、より良く生活するためのスキルを習得するのです。さらに、二つ目の理由として、それらは単にスキルの習得ということではなく、科学的な視点や実際の生活上での運用を目指し体系的に学ぶことが挙げられます。たとえば、「ゆでる」という調理法が「煮る」という調理法へ発展していくことや、「いためる」「蒸す」とどう違うのかを学ぶことによって、調理を科学的に理解します。これらは、家庭の状況によらず保障される「生活についての学び」なのです。

二 「役立つ」ことが自信につながる

さらに家庭科を好きな理由のひとつ、「役に立つ教科だから」ということを考えてみましょう。たとえば、調理実習で学んだ料理は、「自宅でもう一度やってみたよ」と多くの子どもたちが言います。かつて私が観察した野菜炒めの授業では、その直後から毎日のよう

表2-1　はじめて家庭科室で調理実習(電子レンジでつくるキャベツのおひたし)を経験した小学2年生の感想

●でんしレンジのちゅういやひみつをおしえてもらうときはじめてだったからすごくドキドキしました。さいしょやり方がわからなくてふあんでした。またかていか室に行きたいです。
●みんなで手つだったからおいしいおひたしができました。あたたまるとあつかったです。かてい科は楽しいです。もっとべんきょうして，もっとかてい科をやりたいです。
●つめたいものは色がうすかったけどでんしれんじであたためるとさいしょよりすんごくこい色になりました。(中略) レンジのべんきょうがだんだんかていかっぽくなってきました。きょうみなかったけどだんだんきょうみがわいてきました。かていかサイコーでした。
●わたしは，今，かていかしつででんしれんじのおべんきょうをしました。じゃがいもがでんしれんじでやれると思ってませんでした。でも今日べんきょうしてそのことがわかりました。おいしかったです。またママといっしょにつくってたべたいです。
●わたしはかていかでおひたしをつくりました。でんしれんじで，できて，とってもあつくて，ビックリしました。キャベツをてで，ちぎる時に，みんなでちぎりました。かんたんだなと思いました。さいごにみんなでぜんぶかん食しました。

出典）戸田東小２年生「でんしレンジの学習」記録より筆者作成

に自宅で作り、夕飯の食卓に上るまでに上達した小学五年生の女児がいました。この児童はまったく調理の経験がありませんでしたが、家庭科の調理実習を契機として家族から期待される腕前までになりました。このように学校で学んだことがその後ほどなく役に立つということが家庭科の学びにはよくあります。

一方で、ずっとあとから役に立つということもあります。私がかつて受け持った高校の卒業生は、「家庭科では社会にはいろんな人が暮らしていることを教えてもらったが、高校生の時にはよくわからなかった。社会人になってみて、幸せとは世の中に暮らす様々な人と一緒によりよい暮らしを考えていくことだとあらためて理解するようになった。高校の家庭科で学んだことが、いま役に立っている」と語っていました。生活の出来事を通して具体的に学ぶことが、このように多様な人が生きている社会の成り立ちを実感をともなって理解することにつながっていくのだと思います。家庭科は今すぐ役に立つとともに、未来に役に立つことも学ぶ教科なのです。

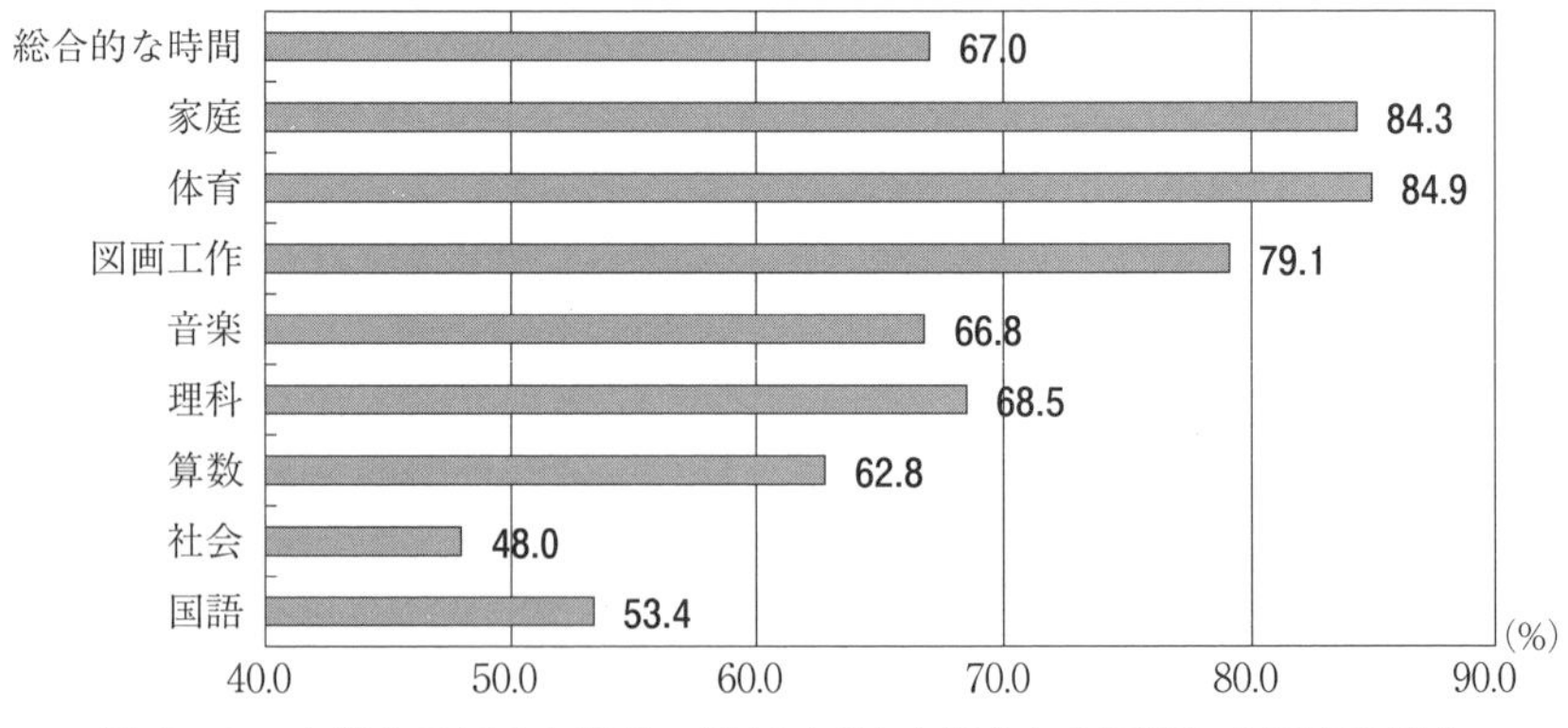

図2-1　小学生の好きな教科：「好き」「まあ好き」と回答した児童の割合

出典）ベネッセ教育研究開発センター「第４回学習基本調査報告書」(2006)

三　自信をつけて「しなやかな自立」を目指す

表２－１で示した電子レンジ調理を学んだ小学二年生の児童の感想には、このほかにも多くのことが書かれていました。特に目を惹いたのは、「おいしかったからおばあちゃんにこんどつくってみたいです」「家でもたくさん作りたいです」「またママといっしょにつくってたべたいです」など、一緒に作って食べる人を想像しているものでした。「ポテトサラダがかんせいしたらすごくうれしかったです」といった料理を作り上げた喜びと共に「おいしかったからおばあちゃんにこんどつくってみたい」という、料理を他者と共有したい、一緒に食べたいという想いが書かれていました。このような想いは、自分に自信をもち、楽しさを感じる家庭科の学びの中で培われます。

さらに、家庭科では、このようにできることを積み重ね、その成果を周りの人と共有し、自立への道を歩みます。できることを積み重ねながらも、できないことを他者に頼んでやってもらうことや、自分のできることを他者のために役立てることこそが自立するということではないでしょうか。強固な自立ではなく、このように「しなやかな自立」を目指す家庭科は、低学年のうちから十分に学ぶことのできる内容になっています。まずは、身近にいる小学五年生に家庭科の授業のことを尋ねて共有していただけないでしょうか。

第二節　知・徳・体の学びを支えている生活

岡　陽子

一　衣食住の生活と知・徳・体の学び

東日本大震災を経験した岩手県の中学校の卒業式。卒業生の答辞には、「当たり前のように繰り返される毎日の生活の大切さを改めて感じた」という言葉があり、多くの人の共感を得たと聞きました。普段は意識にのぼらないことですが、家族と共に衣食住の生活があり日々繰り返されていること、そして、それが安定しているからこそ、子どもたちの知・徳・体の学びが成り立つのです。

二〇〇五年に制定された食育基本法の前文には、食育は「生きるうえでの基本であって、知育、徳育及び体育の基礎となるべきものと位置付ける」と明記されています。ここに示されているとおり、食育は、人が生涯にわたって健全な心と身体を培い学び続け豊かな人間性を培ううえで必要不可欠です。また同様に、食をはじめとする衣食住の生活の営みは、人間が生きるうえでの基本であり、まさしく、知・徳・体の学びを支えているといえます。

しかし、私たちは、この当たり前の衣食住の生活の営みをそれほど意識せずに過ごしており、子どもたちに生活を営む力が身に付いているかどうかを確認することも少ないのではないでしょうか。

二　子どもの自立に関する親の意識

現在の子どもたちの生活の自立の状況について、「子育て生活基本調査（小中版）」（一九九八、二〇〇二、二〇〇七、二〇一一の各年、ベネッセ）の結果を基に考えてみましょう。

本調査は、小学三年生から中学三年生までの母親を対象に、四回実施されています。子どもの生活習慣や自立状況への母親の満足度の経年比較を見ると、「満足している」と肯定的にとらえている母親は、一九九八年の七六・三％から六六・九％（二〇一一）と約一〇ポイントも低くなっています。また、「子どもがすることを親が決めたり、手伝ったりすることがある」割合は、一九九八年の四一・五％から五七・三％（二〇一一）と約一六ポイント増加しています。さらに、「現在の子育ての気がかり」で、近年割合が増加している項目は「学校の宿題や予習・復習」「子どもの進路」であり、逆に割合が減少している項目は「食事のしつけ」「子どもの食事のとり方」「生活リズムと朝起きる時間・夜寝る時間」となっています（図2－2）。これらの結果から、母親のわが子の自立への関心や満足度は減少する一方、子どものやることに手や口を出す母親が増加している傾向がうかがえます。

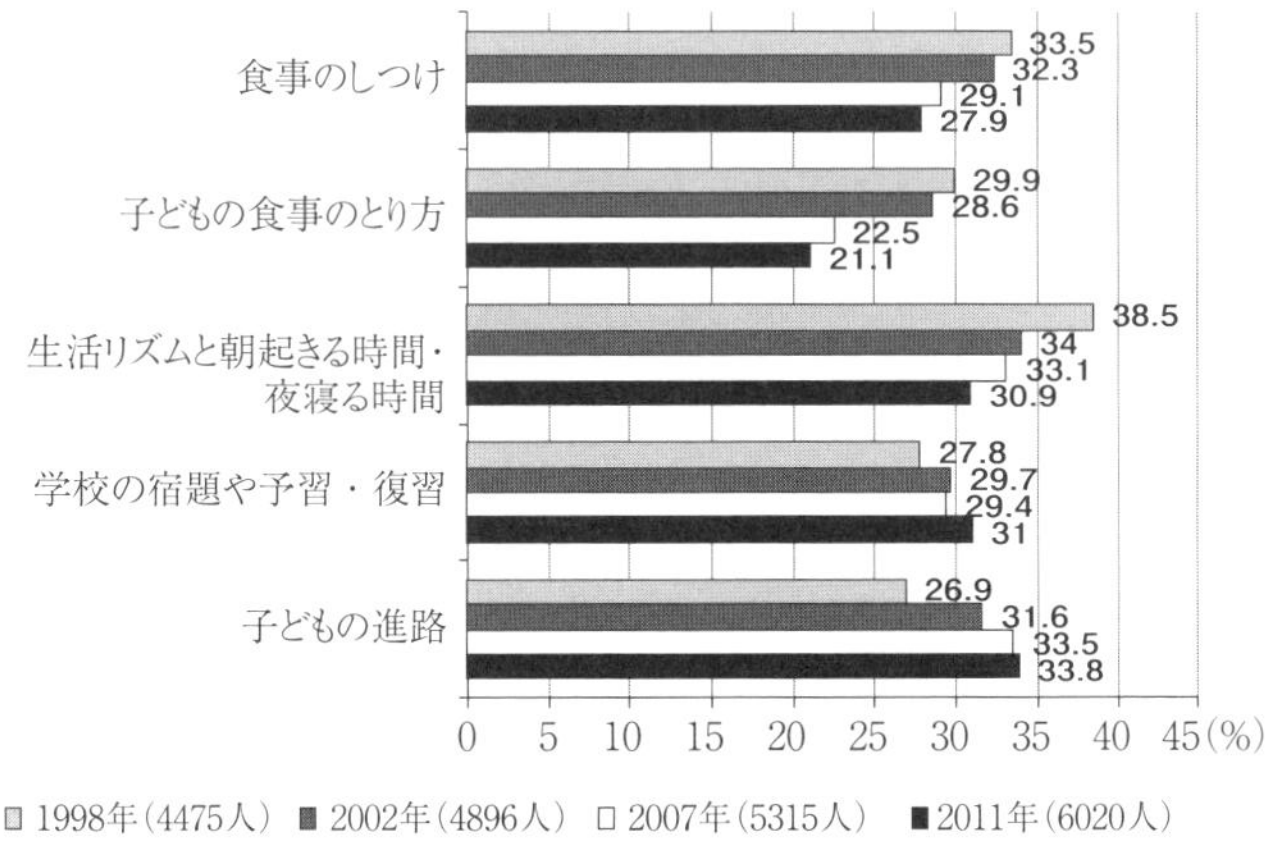

図2-2　現在の子育ての気がかり（経年比較）

出典）ベネッセ「子育て生活基本調査（小中版）」各年

三　子どもの生活技能や自立への意識

次に、子どもたちの生活技能の状況を見てみましょう。二〇〇七年度の国立教育政策研究所の実技調査（中学三年生を対象）の結果では、大根をいちょう切りの形に切ることはできるが、適切に切れた生徒は約三割であり、効率的で安全に切ることや料理に適した切り方を考えることなどに課題があることが指摘されています。この結果は、家庭で子どもが料理を手伝う機会が少なくなったことや、家庭科や技術・家庭科の授業時数が少なく調理実習に十分時間がかけられない状況にあることなどが背景にあると考えられます。

しかし、内閣府の第八回世界青年意識調査（二〇〇九）によると、「子どもは親から経済的に早く独立すべきだ」という考え方について「そう思う」と回答した割合は、日本の青年が八八・六％と最も高く、韓国（八三・七％）、フランス（八〇・〇％）、アメリカ、イギリスの順となっています。その一方で、「ふだんの食生活で心がけていること」を選択する質問項目において、「自分で料理をつくる」割合は日本の青年が一六・三％と最も低く、韓国一七・一％、アメリカ二六・五％、イギリス二九・八％、フランス三一・四％となっています。

四　生活の意味を学ぶ家庭科教育の充実の必要性

これらの調査結果を総合してみると、日本人の生活に対する意識の希薄さが見え隠れします。また、経済的自立を望む一方で、「生活すること」や「衣食住の生活の自立」についての認識が低い実態が浮かび上がります。東日本大震災を体験して「当たり前のように繰り返される毎日の生活の大切さを改めて感じた」と述べてくれた中学生の言葉を重く受け止め、学校教育の中で、生活の意味を再認識するとともに、衣食住の生活について体験的に学ぶ家庭科教育を一層充実させる必要があります。

男女で家庭科を学ぶようになって約二〇年。子育ての様子をみると、母親任せだったものが夫婦で協力する姿が市街でも見られるようになり、少しずつ変化していると感じています。しかし、家庭科や技術・家庭科の授業時数は減少する一方であり、生活の自立についての子どもたちの意識は高くなっているとはいえない状況です。家庭で誕生した命が育まれ、健やかに成長するためには、家庭生活における衣食住の生活が基盤であることはいうまでもなく、そのための生活の自立が求められます。家庭の生活様式や生活についての考え方が多様化する中で、親から子へと生活文化や技能が伝承できない状況となりつつある今、子どもたちはどこでそれらを習得していくのでしょうか。

今後は家庭科教育を一層充実させ、衣食住の生活における自立と共生について学習を深めることが、次世代の家庭生活をより豊かにし、子どもたちの生活環境や学習環境を充実させることにつながっていくと確信しています。

第三節　自立した人間の育成を目指す家庭科

矢野　由起

一　自立とは

自立とは、他者とのかかわりの中で自分の力で自分らしく生きることをいいます。「子ども・青年は、生活者であるがゆえにそれぞれの自立要求をもっている。ここから出発して、人間として生きることに根ざした自立（人間的自立）をかれらとともに探究していくことが、教育の基本的な課題である。」（『現代教育学事典』労働旬報社、一九八八、四四三頁）とあるように、自立は教育の目標でもあります。また、特別支援教育や障がい者福祉においては、自立のとらえ方が、身辺的自立、社会的自立、職業的自立を中心とした自立から、自己選択権や自己決定権を中核とした自立へと移ってきており、「自らの意思と獲得している力で何かを成し遂げようとするとき、必要に応じ他に援助を求め、それを自分で選び決定しながら課題を達成していくという主体的な生き方にこそ、新しい自立のとらえ方があるといえよう。」（『特別支援教育大事典』旬報社、二〇一〇、四七一頁）と述べられています。

生きていくためには、精神的自立、経済面、生活面などいろいろな面での自立が必要ですが、生活的自立については、家庭科の存在意義や独自性ともかかわって家庭科で育む力として重視されてきました。

二　家庭科と生活的自立

生活的自立とは、これまでさまざまに定義がなされていますが、生活に必要な身の回りのことを自分ですることができ、自分なりの価値観や基準をもって自分で生活上の物事を判断し、自分らしく生き生きと生きていくことができる力、ととらえることができるでしょう。

図２−３は、高校生を対象に家庭科の教科観を調査した結果を示したものです。「そう思う」「ややそう思う」を合わせると、家庭科について九三・四％が「生きていくために重要」、八九・七％が「実生活に役立つ」と答えています。

生命を維持し安全で健康に生きていくためには、食べる、着る、住まうことにかかわる知識と技術は不可欠です。家庭科では衣食住にかかわる知識や技術を科学的に学んでいます。また、時間や金銭の管理、家庭の経済、年金や生活保障について学び、自分の生活を自分で管理し、自分で判断できる力を身につけています。さらに、家庭の機能や家族関係、青年期の生き方、子どもの発達と保育、高齢者の生活と福祉について学び、自分で自分の生活や人生を選び、他の人とかかわりながら豊かな生活を創り上げていく力を身につけています。こうした学習が、高校生の「家庭科は生きていくために重要」

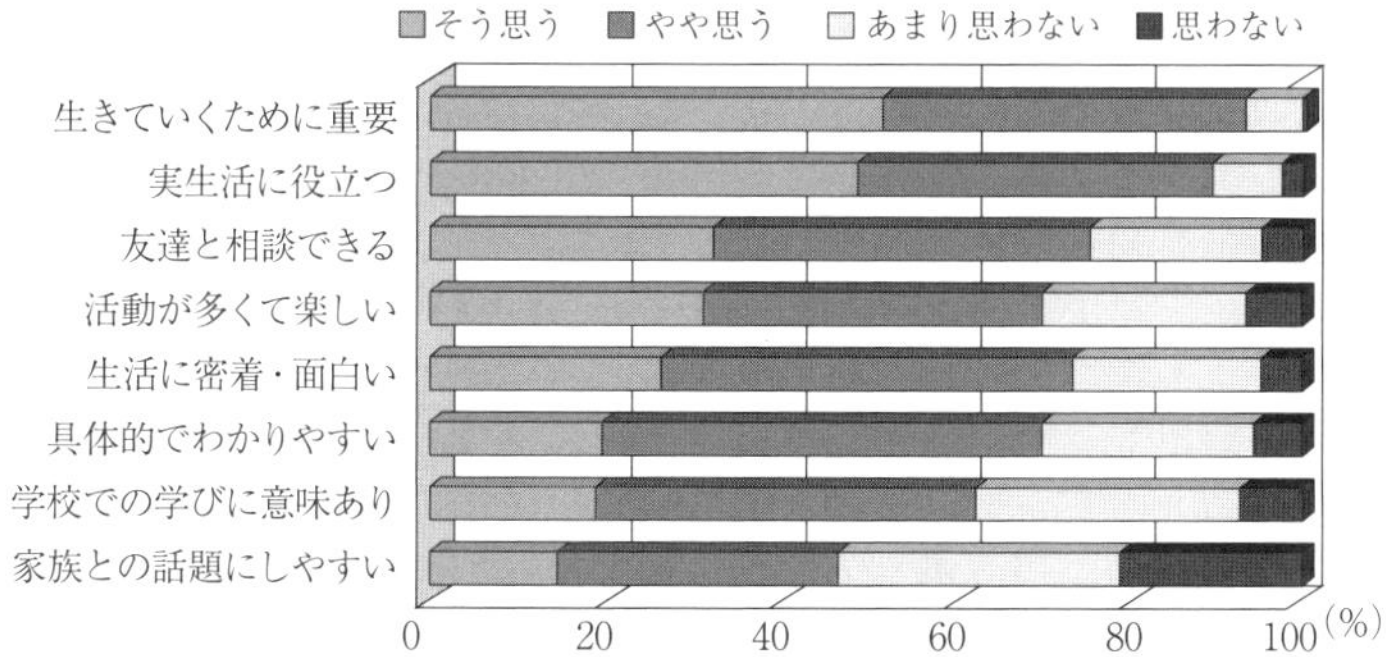

図２-３　家庭科の教科観

出典）日本家庭科教育学会誌，50（1），2007，p.41

という認識につながっていると思います。

生活を送るうえで必要な知識や技術は、家族や家庭生活からも得られますが、それらは、その時その場に必要な個別的で断片的で事象依存的なものです。新しい場面や課題に遭遇したときに、それぞれの状況に応じて判断し行動できるためには、転移性や応用性のある一般化された知識や技術が必要です。家庭科では、生活にかかわる知識や技術を科学的に学び、どんな場面や状況においても対応できる力を育てています。

三　自立と家庭科の総合性

家庭科が学習対象としている家庭生活は、それ自体が複合的であり総合的です。自然や環境、社会や経済、文化など多くの要因が複雑に影響を及ぼし合う中で生活環境が作られ、そこで家族や地域の人をはじめ多くの人とかかわりながら現実の生活が展開されています。テーブルに並べられた食事は、自然、社会、家族構成や家庭の経済、調理をする人の知識や技術、食べる人の嗜好など、さまざまな要因を組み合わせて導き出された一つの結果といえます。生活上の問題や課題は、それらの一面だけを見ていたのでは解決できません。問題や課題を多面的・多角的にとらえ、さまざまな解決方法の中から自分や家族にとって快適で、しかも現実的な解決策を導き出していくことが求められます。こうした問題解決力や総合的に判断する力は、対象の一面に焦点をあて、分析的に追究する教科では育てることができません。複合的・総合的な性格をもつ家庭生活を直接の学習対象としている家庭科だからこそ育てることができると思います。

生活上の問題だけではなく、現実の社会で起こる問題や課題もまた、総合的であり複合的なものです。家庭科で身につけた問題解決能力や総合的な視点や判断力は、社会において自立して生きていくうえでも大切な力であると思います。

四　自立と共生を学ぶ家庭科

社会の中で自己実現を果たしながら、自分らしく生きていくためには、家族をはじめ多くの人の支えが必要です。家庭科では、人や自然との共生について、社会のしくみや制度を学ぶだけではなく、家族、乳幼児、高齢者や地域の人々と実際にふれあう学習を取り入れています。こうした学習を通して、それぞれちがった考え方ややり方があることを知ることができます。また、他者への理解と共感が育まれ、自分が多くの人から支えられていることや、自分が家族や地域を支える一人であることを実感することができます。こうした家庭科の学習が、社会で他者と共に生きる力につながっていると思います。

こうして、家庭科と生活的自立とのかかわりをみてみますと、家庭科教育は生活的自立能力を育むというだけではなく、いろいろな考えや価値観にふれながら自分自身の価値観を作り上げていくこと、総合的な視点と判断力、生きていくうえでの問題や課題を解決する力、他者と協力する力など、人が主体的に生きていくための「自立」そのものに大きくかかわっていることがわかります。家庭科教育が目指す「自立」と「共生」は、教育が目指す人間としての「自立」の、重要な面を担っていると思います。

第四節　生活を土台にしたシティズンシップ教育

望月　一枝

一　市民とは何か

市民とは、どのような人を指すのでしょうか。人生で困った時、他者や制度にアクセスできる、社会に参加し、社会を変えていく人を指すと考えます。筆者が自分を市民として意識したのは、銀行で働いた時です。女性の制服は著名なデザイナーの素敵なタイトスカートとベストで、男性は私服の背広でした。当時は、学校を出ると会社員になり、国民になった時代です。しかし、女性は妊娠するとタイトスカートがはけず、会社員でいることができませんでした。制服を変えようと金融に働く女性たちが、国や職場に育児休暇制度を要求しました。会社員でありながら会社や国家を批判的にみる立ち位置をとれたとき、市民になったといえます。市民とは、地域、国家、地球規模で、その構成員として、その場を批判的にとらえ、特にケアが必要な人が放置されない仕組みを探求する人、政治的権利と責任を果たそうとする人だと考えます。

二　自分の人生と社会を変えるシティズンシップ教育

現代日本の若者の多くが非正規雇用につき、キャリアを形成できず、結果として無年金となる若者も少なくありません。経年調査によると、労働と家族の問題が相互に関連して若者の自立を阻んでいることが見出せます。若者の中には、不安定な就労を余儀なくされ、家庭的にも暴力や借金などの問題を抱えている者が少なくないのです。

このような状況を変えるためには、若者に対して、職業人として社会に参入する教育だけでなく、社会の構成員＝市民として他者や社会に働きかけ、新しい社会を形成する能力を育む教育＝シティズンシップ教育が必要です。一九九〇年代から世界各国で子どもや若者にシティズンシップ（市民性）を育むシティズンシップ教育が広がっている背景には、若者の社会参加を促し、社会を形成する能力を育むシティズンシップ教育への期待があるといわれます。シティズンシップとは、市民権、市民性と訳され、市民が行使する権利と義務、資質や能力を意味します。

一九九八年、ユネスコでは、世界人権宣言（一九四八）や子どもの権利条約（一九八九）などに基づいて、「二一世紀をめざすシティズンシップ教育」が提案されました。そのシティズンシップ教育では、社会にかかわる決定に参加する明晰で聡明な市民へと子どもを教育することが唱われ、その目的として、①（国家や国を統治する）原則や制度を理解することを通して、シティズンシップと人権の中で人々を教育すること、②個々人が判断力や批判的資質を身につけ、行使すること、③個人やコミュニティが責任感を身につけることが述べられました。そのために学校では、話し合いの文化を育み、知識と行動や実践のつながりを重視し、他者を尊重し民主主義を学ぶと述べられています。つまり、学校全体の日々の生活を通して、尊厳の平等性や他者の尊重といった原則に基づいて学ぶことが提唱されました。

日本においても経済産業省「シティズンシップ教育宣言」（二〇〇六）では、シティズンシップを「多様な価値観や文化で構成される社会において、個人が自己を守り、自己実現を図ると共により良い社会の実現に寄与するという目的のために、社会の意思決定や運営過程において、個人としての権利と義務を行使し、多様な関係者と積極的に（アクティブに）かかわろうとする資質」と定義しています。

しかし、日本では会社員＝社会人であったので、「市民」の概念が未だ成立せず、「皇民」「国民」「公民」といった異なる概念が「市民」と同じ分脈で用いられ、シティズンシップ教育として実践されています（嶺井明子編『「世界のシティズンシップ教育」グローバル時代の国民・市民形成』東信堂、二〇〇七、四三～五四頁）。シティズンシップ、および、市民という概念が多義的に用いられていることは否めず、従って実践されるシティズンシップ教育の方向も異なっているのです。

三　対話で育むシティズンシップ

学校教育におけるシティズンシップ教育は、学校教育全体で探求されるものです。しかし、生活を土台にしたシティズンシップ教育を考えるとき、「公」と「私」の境界を疑う家庭科教育の重要性が浮かびあがってきます。政治学者の岡野加穂留は、古代ギリシアにその端緒をみるシティズンシップ論は、近代に入っても、何の疑いもなく、私的領域と公的領域を分け、自立した市民が活動する場が公的領域としてきたと批判しました。つまり、自立していない子ども、女性、高齢者などは、いつになっても市民になれないと指摘します。

「公」と「私」の境界を疑うシティズンシップ論は、人生で出会う私的な問題が、実は、国家や地域の人々や制度と経済などに密接に関係していることを視野に入れます。特に家庭科におけるシティズンシップ教育では、私的領域とされてきた家族を学び、家族が抱える問題を公的な国家の法律や制度とのつながりからとらえ、他者や社会に能動的に働きかける資質や能力を育みます。現代社会で生活することは、何を買うか、何を着るか、何を食べるか、誰とどこで暮らすかなど、その時々の私的な意思決定を他者や社会との関係で判断することが重要です。

シティズンシップ教育が社会を変える教育になるために重要なのは、自分の意見を相手にわかるように説明することです。生徒が学校の外に出て、ボランティア活動などに参加しただけでは、学校の外の考え方や価値観に巻き込まれてしまいます。だから、家庭科の授業に対話を入れ、調査や体験を通して、尊厳の平等性や他者を尊重することを学びながら、子どもの幸せを守り、地域の食文化を発展させ、持続可能な社会を目指す知識やスキルや価値観を身につけられたらと考えます。それは、授業における対話やホームルーム活動や生徒会活動などの議論で身につけることができます。家庭科では、生徒の興味関心から議論することができます。また、自分の人生の問題や子育てと仕事を両立している他者へのインタビュー調査や調べ学習で議論することができ、子どもを安心して育てられる社会や家庭のあり方を議論できます。これらの対話や話し合いで、生徒たちは自分の意見を相手にわかるように説明することや相手の意見を取り入れて交渉すること、家族の問題を社会の問題として判断することが育っていくのです。

第五節　地域とつながる学びの展開

日景　弥生

一　家庭と地域は密接な関係

私たちは、家庭を基盤に生活を営んでいますが、家庭を取り巻く地域も、生活の営みに欠かせないところです。家庭科で行っている地域を取り上げた実践には、地域素材を用いた実践と、地域の人々との交流を入れ込んだ実践があります。前者は、地域の食品を用いた調理実習や郷土料理の実習（たとえば、山形では「いも煮」）、地域の特産品の製作（たとえば、青森では「こぎん刺し」）、地域の住まい（たとえば、岩手では「南部曲り家」）などが見受けられます。後者は、郷土料理の実習の際、地域の方々をゲストティーチャーとしてお招きし、郷土料理の歴史を聞いたり、一緒に調理したりするなどです。実践例から地域との関係をみていきましょう。

二　地域素材を用いた授業

住生活に関する授業「潟上の住まいの秘密を探ろう」（大谷良光・日景弥生・長瀬清編『東北発！地域に根ざした技術・

家庭科の授業』弘前大学出版会、二〇一〇、二五一～二五四頁）の特徴は、実験を取り入れて、地域の住まいの特徴への理解を深めています。

授業者（秋田県中学校教諭）は、自分の住まいや地域に関心のない生徒が多かったことから、厳寒な冬を快適に住まうための授業を計画しました。授業は、沖縄と秋田県の住まいの違いからスタートし、その背景には天候がかかわることに気づかせました。そして、生徒たちは、秋田県では雪が落ちやすい三角の屋根があること、屋根に雪止めがあること、二重窓であること、雪囲いや風除室があること、家の周りに防風用ネットを張っていることなどに気づき、その理由も理解しました。また、生徒は、防風用ネットについて、最初は「そのようなネットで本当に風を防げるのか？」と懐疑的でした。しかし、煙を用いた防風用ネットの実験から、煙の動きからネットの効果を確認し、「強い風の方が弱い風よりも効果が大きい」という新たな発見をしました。さらに、ネットが張ってある家の特徴（隣家との間隔が大きかったり、田んぼの中の家に多い）にも気づきました。加えて、窓ガラスに貼っているシート（実験にはフィルムを用いた）の断熱効果実験の温度計測から、「シートがある方が温かい」ことを確認しました。

この授業から、生徒は「地域の自然の特徴を知り、さまざまな工夫をしている」ことに気づき、「寒さを防ぐ工夫は、自分の生活に活用できる」と考え、「もっとたくさん工夫できることがあると思うので、調べたい」と思い、「地域の人々の知恵に感心した」と地域の人々に尊敬の念を抱きました。これにより、生徒たちは、気にもとめていなかった住まい（地域教材）の学習から、地域やそこで生活する人々に関心をもつようになり、「地域をみる目がかわった」（授業者）ようです。

三　地域人材との交流を取り入れた授業

「駅弁作りから『地域』の活性化を考えた中学校の実践」（大竹美登利・日景弥生編『子どもと地域をつなぐ学び―家庭科の可能性』東京学芸大学出版会、二〇一一、九八～一〇五頁）を紹介します。

この実践の特徴は、地域の食材の活用はもちろんのこと、食文化の伝承視点から、地域のお年寄りをゲストティーチャーとして招き、お年寄りがもっている郷土料理のノウハウを学び、加えて郷土料理の歴史や由来なども他教科等との連携により位置づけたことです。

駅弁づくりから生徒が学んだことは、①知識や技能程度が高まったこと、②地域の食文化を理解したこと、③地域を身近な存在ととらえ、受け継いでいこうという気持ちになったこと、④お年寄りとの交流授業により、高齢者を理解したことです。

写真２-１　地域のお年寄りから学ぶ

このうち③は、期待しつつも成果があがるのは難しいのではと思っていました。しかし、お年寄りの懇切丁寧な指導や、学習中の触れ合いが③に大きく影響したと思われます。また④は、③以上に予想外の出来事でした。最初は「お年寄りは家で郷土料理が食べられなくてかわいそうだ」という同情でしたが、お年寄りが計量器を使わずに調理を手際よく進める姿に敬意を表するようになりました。

また、学習後の生徒たちは、郷土料理に興味関心を示し、「『津軽の郷土料理』をもっと知りたい」という意欲が高まりました。さらに、「地域の食材は栄養価が高く、安全で、健康につながる」こと、流通の際にガソリンなどのエネルギーをあまり使わないことから「環境にやさしい」こと、「たくさん売れば、地域の活性化につながる」ことなど、地域を大切にする思いがより強くなったようです。この実践が成功したのは、何よりも日頃から学校と地域とが密に連携していたためと思われます。

四　地域とつながる家庭科学習

この二つの授業のように、地域素材や人との交流は身近なため、生徒は問題や課題を把握しやすく、意欲的に取り組むことができます。また、体験的な学習を組み込みやすいため、問題や課題を解決する能力を育成しやすく、その解決時に、地域の人々との交流を組み込むことで、触れ合いが生じ、地域と「私」との関係も理解できると思います。さらに、学習の成果を生徒自身の生活の中で確認や追認できるため、地域に生きる自分について学ぶことができると考えられます。

しかし一方で、生徒たちにとって、あまりに身近な問題や課題のため、子どもがかかわりたくない場合があり、そのため意欲を喚起できにくいことや、学習の成果を一般化することや発展的に取り扱うことが難しい場合もあるかもしれません。また、地域の学習は総じて応用・発展的な学習のため、基礎的・基本的な学習内容の習得が難しいことや、新たに教材研究等を行う必要があるため、教師が時間を確保しにくいことなども考えられます。

しかし、上記のような学びは、地域を素材にしたからこそ習得できたものです。このように、地域とつながる家庭科学習は、地域や地域の人々への関心を高め、それは未来の地域を創る人々の育成につながっているといえるでしょう。

第六節　総合学習と家庭科

堀内　かおる

一　家庭科は総合的な教科

家庭科と聞いて、どんなことを思い浮かべますか？

調理、裁縫、掃除、洗濯？　それらは、家庭で行われている家事の内容ですね。今思い浮かべていただいたように、家庭生活はさまざまな要素から成り立っていて、家庭で行われているさまざまな事柄が結びつき、総体としてうまく回っているかどうかが、「よりよい生活」を営めるか否かを左右します。

家庭科は、家事のやり方を教える教科ではありません。食生活や衣生活、住生活、消費生活という生活の営みが、家族など身近な人々との関係を背景として成り立っているということに気づき、自分の生活を振り返り、見つめ直し、自分にとっての「よりよい生活」とはどのようなものなのか考え、実践していくための力をつける教科です。つまり家庭科を学ぶということは、自分の暮らし全体について総合的にとらえ、考えることなのです。

二　生活科と家庭科

生活について学ぶ「教科」としては、家庭科のほかに生活科があります。しかし生活科は小学一・二年生のみにおかれていて、一九八九年の学習指導要領改訂の際に、低学年の社会科と理科を廃止して設置された教科です。そのため、背景には自然とのふれあいや社会の認識を促すという意図があります。生活科も家庭科同様に、実践や体験を伴う学習を展開していきますが、家庭科と生活科では、実践や体験を通して子どもたちに学ばせたいことが、少し異なっています。生活科は、社会や自然とのかかわりへの関心といったところに足場を置きながら、体験的な活動を通して日々の暮らしとかかわる人・事・モノに目を向け、学ぶ教科です。他方、家庭科は、家庭生活に足場を置きながら、家庭生活と社会とのつながりに目を向け、生活者の立場から社会のあり方を展望する方向性のベクトルをもっています。家庭科では、「家族の一員としての自覚」をもとに、生活の知識・技能を活かして家庭生活の中で自ら働きかけられるようになることを目指しているのです。

三　「総合的な学習の時間」と家庭科

「総合的な学習の時間」は、「ゆとり」ある教育を通して子どもたちに「自ら学び自ら考える力などの『生きる力』」を育むことを目指した一九九八年の学習指導要領改訂の際に創設され、小学三年生以上の学年・学校段階に導入されました。内容としては、国際理解、情報、環境、福祉・健康など横断的・総合的な学習などを実施するものとされました。二〇〇八年の学習指導要領改訂にあたり、知識基盤社会やグローバル化を背景とした変化の激しい時代を生きるこれからの子どもたちに対し、「探究的な学習」を行うこと、「協同的」に取り組む態度を育てることなどが目指されています。さらに、「自己の生き方を考えることができるようにすること」という目標が設定されており、問題解決的な学習が、段階を踏んで発展的に繰り返されながら、子どもたちが課題を追究するような学習を行うことになっています。

総合的な学習を通して子どもたちに育成しようとしているのは、「自ら課題を見付け、自ら学び、自ら考え、主体的に判断し、よりよく問題を解決する資質や能力」だといわれています。総合的な学習を通して育みたいこのような資質・能力は、家庭科の学習の過程で必要となる資質・能力とも共通点が見られます。しかし総合的な学習の時間は学校や教師の裁量によって、そのテーマの設定や学びの広がりには差がみられ、子どもたちに対し、生活に関する深い学習を必ず保証できるとは限りません。家庭科では、生活に関する内容を体系的に小学校から高等学校まで一貫して、学習することができるのです。家庭科の学習では、子どもたちが自分自身の家庭生活を見つめ直し、課題を見つけ、自分なりに創意工夫して「よりよい生活」を追究する実践的な態度を養うことが可能です。

「自己の生き方を考えることができるようにする」という総合的な学習の時間の目標では、「多様な視点」で考えさせることが大切だと指摘されています。そして、考える際に、「常に自己との関係で見つめ、振り返り、問い続けていこうとすること」が重要だといわれています（文部科学省『小学校学習指導要領解説総合的な学習の時間編』二〇〇八年）。このような、課題を自分自身にフィードバックして自らを問い直す学習は、家庭科の学習の基盤となるものでもあります。生活の中に課題を見出す家庭科が総合的な学習と連携することで、子どもたちはより具体的に、生き方について考え、学ぶことができるでしょう。

四　家庭科と総合的な学習との相違

各家庭の日常生活の営みの中で行われていることは、「今の時代」の家庭生活共通の課題でもあります。家庭と社会は密接にかかわっており、人は家庭を窓口として、生活の営みを通して社会とかかわって生きています。先に述べたように、家庭生活の仕組みはそれ自体が総合的で、家族とのかかわりは食生活、衣生活、住生活、消費生活のすべてとつながっています。家庭科で取り上げられる学習内容は、学習内容同士がリンクしあって、総体として家庭科の知を構成しているというところに、総合的な学習との違いが認められます。「教科」でありながら多様な視点を含み考えることのできる家庭科は、総合的な学習の要素を内部に取り込みながら、生活にかかわる確かな知識と技能の習得を促します。総合的な学習の中で提起されている現代社会の課題を解決するためには、家庭生活の中で、個々人の意思決定と行動が必要で、家庭科の学習はこのような意思決定を支える知識・技能を育む学習にほかなりません。家庭科は、教科教育と総合的学習の境界に位置し、他教科の知をも取り込み、総合的な学習と連動することによって、生活現実における活用という観点から、総合的に学びをつないでいくことのできる教科です。家庭科の学習を充実させることが、総合的な学習に向かう子どもたちの思考の基盤となって、確かな視点をもって自らの生き方を考えることにつながるでしょう。

表2-2　家庭科と「総合的な学習の時間」のリンク可能な指導案例（小学校）

単元名　衣服の成り立ちと製作　　　　○　総合的な学習の時間でもできる内容

学　習　の　計　画		
1なぜ、ものをまとうのか		
2綿から布へ	衣服はなにからできているか	
	綿を育ててみよう	○
	綿について調べてみよう	○
	綿を栽培している人から話を聞こう	○
	綿から糸を紡いでみよう	○
	布を織ってみよう	
	衣服は誰が作っているのか（日本の綿栽培の現状など）	○
3針と糸を使う	布をつなげる道具を調べよう	
	玉結び・玉止め・なみぬい・ぬいとりをしよう	
4体をおおうものの製作	計画をたてよう	
	作品をつくろう	
	新聞づくりをしよう	

出典）大竹美登利・赤塚朋子・鶴田敦子編著『生活を見つめる衣生活と消費・環境』日本標準 2010 より抜粋

第七節　不登校児童生徒との暮らしから学んだこと

西野　博之

一　自己肯定感が低い子どもたち

不登校の子どもたちとかかわるようになって二七年。フリースペースたまりばという居場所を開いて二二年になります。長年、子どもたちと過ごす日々の中で感じていることは、子どもたちの自信のなさ、自己肯定感の低さです。自分のことをバカだ・ダメだといい、生きている価値がないとか生まれてこなければよかったと訴える子どもたちに、数多く出会ってきました。新しいものに手を出すことにはかなり慎重で、何事も上手に、完璧にできないといけないという緊張感が強い子どもたち。失敗したらどうしようという不安が先に立って、挑戦もしないであきらめてしまう傾向をもつ子どもたちが少なくありません。なぜ、これほどまでに子どもたちは自信をそぎ落とされるようになったのでしょうか。

これには社会の変化が大きく影響しているように思われます。私たちの子どもの頃は、家族との暮らしの中で子どもは役割をもっていました。小学生の私にとって、放課後、買い物かごをもって近所のお店に夕飯の買い物に行くのは日課のようなものでした。風呂焚き、掃除、洗濯物の取り込みなど、家族の中にいて、役に立つ存在として自覚できるチャンスや感謝される経験をもつことができたのです。今はそんな時間があるなら塾や習い事に行って勉強したり、スキルを身につけたりすることの方が優先される社会になりました。さらに「危ないから、やめなさい」「けがしたらたいへん」と、調理で包丁を持つことも、修理のために工具を持つことも遠ざけられ、子どもたちは消費者の役割しか与えられない社会へと変化していきました。

また、子どもの遊び場はどんどん縮小され、過剰なまでに「安全」を追い求める風潮の中で、学校や公園など公共施設の中には「禁止」の看板が立ち並び、責任の回避が図られるようになりました。子どもたちがやってみたいと思う遊びは、「けがしたらだれが責任を取るのか」という論理のもとで、排除されていきました。こうして、自分の力の限界に挑戦して、それができたときにもたらされる達成感を味わうチャンスすらも奪われたのです。そして大人が先回りをして危険を回避し、ケガさせない、失敗させないことに多くの力が注がれる中で、打たれ弱い子が増えるようになりました。若者たちと話していて痛感するのは、成功体験の少なさもさることながら、失敗体験がかなり不足しているのです。失敗はすべてがマイナスなのではなく、日ごろから小さな失敗を積み重ねて、そこから学び、そこを越えていく力と心を養うことの方がよほど大事なのですが、その失敗を親や周りの大人が先回りして取り除いてしまう社会になっています。こうした背景のもと、失敗を極度に恐れる子が増え、些細な失敗が原因で外に出られなくなったり、ひきこもってしまう若者が生み出されるようになったのです。

さらにつけ加えると、子どもたちは親や大人たちが良かれと思って「善意」で押し付けてくるプログラムに取り囲まれています。やりたいことよりもやらねばならないことが優先されて、本当は自分は何がしたいのか、何はしたくないのかを考える時間的な余裕も奪われ、生きづらさを抱えている若者たちが増えているのです。

そぎ落とされた自信を取り戻すために、私たちが二〇年前から変わらず取り組んできたことがあります。それは暮らしを取り戻そうということです。具体的には、毎日の昼食づくりが核になっています。最初の頃は、ただ単にスタッフもお金がなかったので、毎日コンビニで買って食べていると生活がもたないから、子どもと一緒にご飯を炊いておかずをつくって食べたり、麺をゆでたりしたのが始まりです。それがいつの間にか料理にはまる子が現れ、料理の好きな大人が一緒になって、みんなの分をつくるようになっていきました。今では、毎日三〇～四〇人分の食事をつくっています。

二　みんなで食事をつくって食べる

朝十時三〇分。フリースペースのドアが開き、勢いよく入ってきた子どもたちとスタッフの間で、今日の昼食の献立が話し合われます。まずは、フリースペースと同じ敷地にある「子ども夢パーク」内の畑に行き、収穫できそうな野菜をチェックし、前日の残りの具材も考慮に入れながらメニューを決めます。フリースペースに到着する前に、必ず駅前のスーパーでその日のお買得の食材をチェックしてから来る若者もいます。メニューが決まると、買いだしに行く人、農作物を収穫する人、すでにある野菜のカットを始める人、ご飯をセットする人など、そこに居合わせた誰かが動きます。当番制ではありません。

料理というのは究極のものづくりだと、つくづく思います。限られた食材と調味料を使って、どんなおいしいものを作りだすか。だしのとり方にとことんこだわり、工夫を重ねる子がいます。既成のルーなど使わずにホワイトソースもカレーも作ります。この時ばかりはすごい集中力を発揮します。目分量で大胆に数種類の香辛料を次々に加える子もいます。自分の味覚や嗅覚に頼りながら、仲間と協力して試行錯誤を繰り返す。年上の人からはさまざまな知恵を教えてもらい、料理のスキルを上げていきます。できあがりの見た目が少々気に食わなくても、おなかに入ってしまえば形は残らず、おいしかった満足感だけが残るので、またつくろうという気にもなります。

できあがった料理は次々に皿に盛られ、「いただきまーす」の合図で一緒に食べます。その時どこからともなく「作ってくれた人、ありがとう」という声が、とびかうのです。「おいしいー」「うまいよー、幸せー」「おかわりある?」ちゃぶ台を何個も寄せ集めて、異年齢の子どもと大人が、ひざ突き合わせて、フローリングの床にびっしり集まって卓を囲んでいる光景は圧巻です。

ここにきはじめたころ、この食事の輪の中に入れない子どもたちもいます。離れたところでみんなに背を向けて、漫画を読みながらカップラーメンをすする子もいます。ここではそれもありです。集団で食べることになれていない子も多く、緊張を伴うこともあるのですが、時間が経つにつれて、いつの間にか背を向けていた子がこちらを向き、やがて同じ食卓について皆と同じものを食べるようになっていく。こうしてみんなと同じ釜の飯を食うというのは、そこにいる人間関係を受け入れていくプロセスなんだとしみじみ感じるのです。

三　暮らしを取り戻す

食事づくりの体験を通じて、自分でご飯がつくれるんだという自信は、実はとっても大きな力をもっているのです。しかも他人から感謝される経験とも結びつき、人の役に立つことの喜びも手に入れます。そして何よりもおいしいものを食べているときはみんなの笑顔に出会います。「ひとりじゃないんだ」ということを実感できるひとときです。この安心感が子どもの成長に大きな力をもたらすのです。作物を育て、収穫し、調理して、食べる。このシンプルな暮らしを取り戻すこと。一緒にご飯を食べ、音楽を奏で、思い切り遊び、火や工具を使って、やってみたいことに挑戦する。安心して失敗できる環境の中で、子どもたちは自信を取り戻していきます。

部屋の中にミシンを出しておくと、自分のGパンのほころびを器用になおす子がいます。ボタン付けも大人に聞きながら楽しんでやります。廃材を使ってイスも作ります。自転車のパンクだって自分で修理します。捨てて買うという消費一辺倒の生活から、自分で工夫して、リフォームする楽しさ、作る面白さを手に入れた子どもたちの目の輝きは違っていきます。

「食」を真ん中におき、作る、表現する喜びを他者とのかかわりの中で紡ぎあいながら、今を生きる子どもたちの「いのち」を祝福する。「生まれてくれてありがとう」のまなざしを大人たちが手に入れられたら、子どもは元気を取り戻していきます。「完璧じゃないけれど、この私にもできることがある。きっと、大丈夫。なんとかなる」。自己肯定感が育まれ、そのことを手に入れると、子どもたちは自然に欲をだし、自分の足でまた学校や社会へと歩みだすのです。そのことを子どもたちが教えてくれました。

写真２-２　集まった子どもたちとスタッフで昼食のメニュー決め，食材用意，調理
みんなで「いただきます」

第八節　生きることの根源的な意味を問う家庭科

汐見　稔幸

一　「教科」についての二つの構想

筆者は家庭科教育については門外漢です。そのため、間違ったことを書く可能性や、家庭科教育関係者には常識になっていることをことさらに取り上げて書く可能性があります。その場合はお許しをいただきたいし、読み飛ばしてくださって結構です。いいわけがましいのですが、あらかじめこのことをお断りして論をはじめます。

さて、学校の教科は、既成の科学・学問をベースに、その科学・学問の基礎を学ぶために組織される場合と、育てたい力を明確にしそれを順序だって学ばせるために組織される場合があります。数学や自然科学の基礎を学ばせるために組織されたのが「数学」や「理科」あるいは「物理」や「生物」などで、前者にあたります。これに対して「生活科」や「社会科」などは、特定の科学・学問の基礎を学ばせるというよりは、生活上の知識・技能や市民として育っていく際に身につけなければいけない知識やスキルなどを育てるために組織された教科で、後者に分類されます。

参考のためにいうと、「社会科」は戦後アメリカからきた civic education を訳してできたもので、civic すなわち citizen になるための訓練を内容とする教科でした。「市民科」と訳すのが筋でありましたが、戦前の公民科の印象がよくなかったためでしょうか、むしろ社会科学の基礎を学ばせるという意味で前者の分類枠の教科にしようという意志が働いて「社会科」になりました。このあたりに「教科」の考え方の揺れが見られるのは興味深いものです。もちろん後者の場合でも、教え伝えたい知識は一定の科学・学問をベースにしていることは変わりありません。しかし、前者がある学問の基礎の知識を学ばせるという明確な目標があるために教育内容を客観的に定めやすいのに対して、後者は、育てたい目標が大きく曖昧な面があるため、こういう知識やスキルをきちんと身につけさせねばならないという到達目標が曖昧になる傾向がどうしても強くなります。家庭科がどちらに分類されるか興味深い論点ですが、現状では後者の枠に近いといえるのではないでしょうか。

二　家庭科の基礎学としての家政学とその変遷

しかし、筆者は家庭科は、家政学という学問を基礎としていて、その内容の基礎をきちんと学ぶ教科ではないかと考えています。分類枠としては前者の性格と後者の性格を併せもった特殊な教科ではないかということです。

家政学という学問は学問として体系化されるずっと前から内容をめぐる議論がされてきたといわれています。古くはギリシャ時代のソクラテスの弟子であったクセノフォンがOikonomicosを書きましたが、これが「家政論」と訳されていることは周知でしょう。oikosオイコスとは広い意味での家や共同体ですが、その統治が家政であり、アリストテレスは、村の家政をoikosのnomosすなわちエコノミクスと呼びました。アリストテレスは、人間の経済活動を市民の徳性と正義に基づくときだけ正当化されるとしています。トマス・アキナスは、このoikosnomosを人々の人格の実現と社会の共通善の実現のための手段=活動と定義しています。

つまり、古代から、人々の共同体の統治のための知を家政学あるいは経済学と考えてきましたが、それは単なるノウハウではなく、人々の共通善や市民としての徳の実現とセットに考えられてきました。

家政学は近世になって、貴族が自分の領地と領民を統治するための知識の体系として形を整えてきます（世俗化される）が、これは領主の学問すなわち男性の学問でした。その中には農業等の経営についての知識だけでなく、限られた財源をどう有効に使うか、使用人の教育をどうするか等も含まれていた総合的な統治学でした。領主はお金のこと、産業のこと、教育のことなどを総合的な知識をもってそれに基づいて家族と領民を統治することを期待されたのですが、逆にいうと産業が発展してきて、次第に領地経営の課題が多くなり、また難しさが高じてきたことを反映していたのだと思われます。

家政学は、一九世紀に大学が制度化して発展してくるとその中に組み込まれ、次第にもとあった統治の学という性格を失っていきます。資本主義の発展と共に進んだ男女の分業に呼応して、家庭を守る女性のあれこれのノウハウの学として制度化されていきました。これは一方で学問として洗練されていったと思われますが、他方で、もともとあったよく統治するための学、よき市民の育成と共通善の実現という政治性が次第に曖昧になる過程でもありました。

三　現代風の生産的生活の創造へのチャレンジとしての家庭科へ

さて、家庭科教育の目標は、文科省によれば、現在次のようになっています（文部科学省「国際教育協力懇談会資料集」二〇〇二）。

「家庭科では、家庭生活を中心とする人間の生活を健康で文化的に営むことのできる能力、生活課題を解決し生活を創造することのできる能力の育成を目指している。
そのため、育てる資質・能力を次のようにとらえることができる。
①日常の家庭生活に関心をもち、生活の現実認識をして見直すことができる。
②生活の根底にある原理・原則について、科学的に追求して理解する。
③実際の生活の場で実践できる技術・技能を身に付ける。
④どうすればよいかを判断して、意思決定しよりよい生活を創造することができる。

これを具体化するために、学習指導要領では、小学校家庭科は「衣食住などに関する実践的・体験的な活動を通して、家庭生活への関心を高めるとともに日常生活に必要な基礎的な知識と技能を身に付け、家族の一員として生活を工夫しようとする実践的な態度を育てる」、中学校技術・家庭　家庭分野では「実践的・体験的な学習活動を通して、生活の自立に必要な衣食住に関する基礎的な知識と技術を習得するとともに、家庭の機能について理解を深め、課題をもって生活をよりよくしようとする能力と態度を育てる」、高等学校家庭科では「人間の健全な発達と生活の営みを総合的にとらえ、家族・家庭の意義、家族・家庭と社会とのかかわりについて理解させると共に、生活に必要な知識と技術を習得させ、男女が協力して家庭や地域の生活を創造する能力と実践的な態度を育てる」と、それぞれの目標を掲げています。それぞれに納得のいく内容といえるでしょう。

家庭科が始まったのは戦後教育改革のときです。このときは戦後改革の諸課題を各教科で具体化する意気込みが強くあったことが想像されますが、家庭の生活はまだ農業が多く、また家庭内に仕事がたくさんあった時代で、食事を作るにしても、水を確保するにしても、暖をとるにしても、家庭は単なる消費の場ではなく、多面的な生産の場でした。子どもたちは、こうした生産型の生活に巻き込まれて育ったがために、今見たような目標を掲げなくとも、ある程度の家庭力は育ちました。家庭力の基本は家庭で何かを生産する力だからです。筆者も小学校家庭科で縫い物をしたり、絞り染めをしたことをよく覚えています、それは家庭でも行っていたことの再現でした。したがって、当時は学校での家庭科が大事な役割を果たさなくとも、生活力や家庭力は育ったと考えられますし、それ故の期待感があり、家庭科と実生活に間に大きな溝はなかったと考えられます。中学生になったとき、男女の履修内容が変わることに違和感を覚えましたが、男子の技術・家庭には、学校で身につける技術の世界に就職していく生徒がまだ多く、一定のリアリティがありました。

こうした時代に比し、今はある意味根本的に家庭の実際が変わってしまっています。家庭で生産する必要があるのは基本的に食事だけで、風呂を沸かすのもスイッチ一つ、トイレ掃除も水洗でほとんど要らなくなりました。衣類は買ってくれれば足りるし、繕いも今はやりません。季節の準備も必要なくなりました。

家庭がこうした変容を遂げたのは、「文明」の進歩の影響もありますが、何でも商品にしそれを買わせることでGDPをあげて商品生産の量=経済力をあげるという戦後の経済政策も強く関連しています。

何でも買って済ますし機械で処理します。唯一残された生産活動である食事づくりもできあいの食材を買ってきて温めて食べればできてしまうという時代になってきています。家庭は何かをみんなでつくる場ではなく、買ってきたもの個別に消費する場と変容しつつあります。

こうした現実にあるのに、学校の家庭科は、依然生産的な力を育てることにこだわっているように見えますが、このことをどう考えればよいのでしょうか。

家庭が消費の場に純化してきて生産的機能を喪失してきていることは、子どもたちに生きるということの手応えや喜びをなくすという負の影響をも与えています。生きる手応えは、何かをつくるという生産的営みの中でしか得られないからです。したがって、家庭科は、生活の個別知識とスキルを身につけるだけでなく、自覚的に「生活する」、つまりより喜びと実感をもって生きるとはどういうことかを多面的に考え、その姿勢と態度そして思想を、実践的に感じ考え身につける場という性格をもたせなくてはいけなくなっています。つまり、現在の消費的生活を唯一のモデルとして家庭科の内容を考えるのではなく、現代という時代なりの生産的生活をイメージして、それを創造する力とその大事さを教え学ぶ場として、家庭科を位置づけるべきであるということです。エコ生活、スローな生活に切りかえないと、地球全体の未来があやしくなっている時代ですが、ゆえにこのことは普遍的意味をもつと考えられます。

そのためには、人間が誰しも平等に引き受けている生きるという営みの意味を、可能な限り根源からとらえ直すということが関連した課題となります。その際、太古の昔から、人間がこだわってきたものは単に楽で快適な生活の実現ということだけでなく、人々が今世界遺産にこだわり始めていることに見られるように、美しいもの、深みのあるもの、人を感動させるものを創造したり発見したりすることでもあった、ということがヒントになります。そうした職人ワザを目指した人たちの協同による住みやすい共同体の実現ということも人々のこだわりです。

これは、かつてアリストテレスらトマス・アキナスが定義した家政学の学びに戻るということに他なりません。よき市民になる訓練と人々の共通善の実現の練習、つまり現代的な市民性の教育の中心として家庭科が位置づかねばならないと私は考えています。

第九節　広げ、深める家族の学習のために

小玉　亮子

広げ、深める家族の学習のためには、まず、自分のもっている家族イメージの相対化が必要になってくると思います。家族はあまりに身近なものですから、家族に関する話題がでると、どうしてもそれに基づいて話をしてしまいがちということはないでしょうか。

もちろん、子どもや青年にとって自分の家族を起点にして、家族について考えることはとても自然なことですし、そのこと自体、大切にしていかなければいけないと思います。しかし、教師の場合それでいいのかというと、留保が必要です。というのは、もし、教師が自身にとって身近でかつ自然だと思われる家族像を前提として話をすすめるとしたら、子どもたちの中にさまざまにストレスをひきおこすことになるのではないでしょうか。なぜなら、子どもたちの家族はそれぞれに異なり、さまざまに問題をかかえているからです。教師がもっている家族イメージと、子どもたちが経験している家族の日常が、一致するとは限りません。そう考えると、「広げ、深める家族の学習」のためには、まず、家族イメージを相対化することから始める必要があるでしょう。そしてそれは、ほかでもない教師自身がもっている家族イメージを問い直すことだと思うのです。

一　家族イメージと「あたりまえ」

この相対化の方法に関して、社会学者の見田宗介の次の言葉は示唆的です。「自分自身を知ろうとするとき人間は鏡の前に立ちます。全体としておかしくないか、見ようとするときは、相当に離れたところに立ってみないと、全体はみることができない。自分の生きている社会を見る時も同じです。いったん離れた世界に立ってみる。外に出てみる。遠くに出てみる。そのことによって、ぼくたちは空気のように自明〈あたりまえ〉だと思ってきたさまざまなことが、〈あたりまえでないもの〉として見えてくる」（『社会学入門―人間と社会の未来』岩波書店、二〇〇六、二五頁）。

家族は、ある人にとっては「あたりまえ」です。しかし、自分にとっての「あたりまえ」は他人にとっての「あたりまえ」ではありません。この「あたりまえ」について「家族の学習」からすこし考えてみましょう。

私の子どもの学校で「老人に昔の生活についてインタビューしましょう」という宿題がでました。私の子どもは、夏休みに祖父母の家にいったときに話を聞くことで宿題をしあげました。その時にふと思ったのですが、私と実家の母が断絶状態にあったら宿題はどうなっただろうか、と。場合によっては、祖父母はとうに離婚していているかもしれません。すでに亡くなっているかもしれません。おばあちゃんが昔のことを語りたくないと思っているかもしれません。もちろん、宿題は老人にインタビューすることですから、祖父母でなくてもかまわないのだと思います。とはいえ、私の子どもの回りに話を聞ける老人の存在は祖父母以外にはみあたりません。

この宿題には、生徒が「老人にインタビュー」できる、という教師の前提があります。たぶん、そこで第一に想定されている老人とは祖父母ではないでしょうか。さらに、孫と祖父母が会話をするということは、あたりまえにできるという前提があるのではないでしょうか。もし、できないとしてもそれは、例外であると。

再び見田の議論にもどりましょう。見田は、あたりまえを問い直すために、いったんそこから離れて、遠くに出ることを提案します。見田自身は、インドやラテンアメリカでの旅から議論を展開しています。しかし、そのような旅は誰もが可能なことではありません。そこで、映像という力を借りて旅に出てみたいと思います。

以下、とりあげるのは、二つの映画です。アッバス・キアロスタミ監督の『友達のうちはどこ』（一九八七）と、バフマン・ゴバディ監督の『亀も空を飛ぶ』（二〇〇五）です。前者はイランで、後者はイラク・イラン・フランスで制作された映画です。二つとも子どもが主人公で、俳優ではなく素人の子どもたちが出演する映画です。

二　遠いところで生きる家族と子どもたち

『友達のうちはどこ』という映画は、イラン北部の村の小学校の教室で、主人公のアハマッドの隣の少年が先生に宿題をノートにやってこなかったせいで叱責され、今度おなじことをしたら「退学だ」と言われるところから始まります。家に帰ったアハマッドは、隣の少年のノートをもって帰ってきてしまったことに気が付きます。アハマッドは、ノートを返すために友達の住んでいる隣村に向かいます。それがまた遠いのです。道がわからず右往左往するのですが、結局、友達のうちにいくこともできず、真っ暗な中アハマッドは帰ってきて、疲れはてながらも友達の分と二人分の宿題をやって、明日学校で渡すことにします。

映画のなかで一貫して主人公のアハマッドはけなげです。先生の怒った声にじっと耐え、母親が容赦なくいいつけるお手伝いに、宿題を中断しながら即座に応えます。ぶらぶらしているおじいさんに煙草をもってこいといわれれば、取りに行きます。しかも、おじいさんは子育てには体罰が一番重要だ、という話をし続けているのです。大人と子どもの関係は、大人が一方的に命じ、子どもがそれに黙って答える、という関係です。

私たちは、子どもたちと話をするときに子どもたちの目の高さに立つこと、具体的には、しゃがんで話をすることをすすめられます。また、私たちは、子どもたちの話にしっかり耳を傾けることが大切だと思っています。そして、そういったコミュニケーションが子育ての基本だと考えます。そう考えている私たちには、アハマッドの周りの大人があんまりだと思えます。

しかし、よく見ていると、アハマッドは道を聞くために次から次に大人たちに声をかけていることに気づきます。私たちのまわりの子どもたちがあのように見知らぬ大人に声をかけることはできるでしょうか。また、アハマッドが夜帰ってきたとき、親から叱責されるのではないかという私たちの心配は杞憂に終わります。疲れながらも二人分の宿題をしているアハマッドに、母親は夕飯をそっと残しておくのです。相互性の欠如した大人と子ども関係の中で、確かに暖かな親子関係が存在しているのをみて、私たちの焦燥感はやわらげられていくのです。

もう一つの映画『亀も空を飛ぶ』の舞台は、イラク戦争開始直前のクルド地域です。サテライトと呼ばれる主人公の少年は、身寄りのない子どもたちのリーダーとしてサテライトアンテナを立てる技術をもっていることによって、また、地雷を集めそれを売って生きています。そこに、幼児を背負ったアグリンという少女と両腕を失ったその兄という、子どもだけの家族がやってきます。そして、サテライトがアグリンに恋心を抱くところから物語は転回しはじめます。この映画は、神話的とも寓話的ともいわれています。それは、冒頭美しい断崖からアグリンが空に向かって飛ぶ姿から始まるという構成からも、また、アグリンの兄が予知能力をもつという設定からもうかがわれます。しかし、サテライトという少年の名まえが象徴しているように、高度先進技術がこの社会を圧倒していることも描かれます。大人たちはサテライトに頼ってアンテナをたて情報を得、サテライトのでたらめな説明の前にほとんど無力です。

教師もいますが、子どもたちは大人の言葉を全く聞きません。大人と子どもの関係は『友だちのうちはどこ』とは全く逆転しています。

この映画のタイトルについて監督は、「亀は自分の甲羅を脱ぐことはできません。クルディスタンに暮らす人々もまた、自分の宿命を背負いながら生きています」と説明します。過酷な運命を背負いながらも兄が見せる深い愛情に私たちは、心を揺さぶられますが、同時にそれが社会の前でもろくも崩れてしまう現実に、私たちは当惑する他ないのです。

三　家族の問い直しから、世界の問い直しへ

遠いところで生きる家族に目をむけることで、私たちの家族のあたりまえが、あたりまえでないことがみえてきます。そして、家族や子どもたちの背後にある社会の相違に気がつくことで、社会の抱える問題に目を向け、あるいは、世界を巻き込むグローバルな課題に目を向けることができるのではないか、と思います。自ら持つ家族イメージを相対化する方法は、他にももっとあるでしょう。方法は何であれ、身近な家族のあり方を問い直し、家族について議論を深めることは、現代社会のありようを問い直すことでもあり、世界をより深く知ることにもなると考えています。

国連「国際家族年（1994）宣言」（抜粋）

数年にわたって家族は，事実上すべての社会がそこから力を引き出し未来を創出する中心的制度でありつづけてきた。国連は1994年を国際家族年と指定し，この基本的制度を支える国際協力の増大を新たに促進している。国際家族年のモットー「家族からはじまる小さなデモクラシー（"Building the smallest democracy at the heat of society"）」は，社会の福祉を確保するうえで家族が演じる中心的役割を反映している。

そのテーマは，「家族：変わりゆく世界における資源と責任」である。国際家族年は，家族を国際的議題にし，家族問題に関わっている人々によるあらゆるレベルでの活動を奨励する。世界中の家族生活の豊かな多様性に対する認識は，建設的な社会変化をもたらし得る媒体としての家族に対する正式の承認と同じく，進展にきわめて重要な広がりを加えるであろう。

家族関連問題はほとんどの社会政策に当てはまるため，国際家族年は，人口，高齢化，障害，青年といった以前別個に扱われたいくつかの社会問題をまとめることができる。

世界中の国で，特に，多くの現行の国内政策および計画が，もはや現実を反映していない概念と家族モデルに基づく傾向がいまだにある。したがって国際家族年は，家族関連の法律と社会政策の採択を含め，家族に利益をもたらす適切に考案された国内戦略を導くことが意図されている。（以下省略）

国連「子どもの権利条約」（1989年国連採択　日本1994年批准）

第12条１　締約国は，自己の意見を形成する能力のある児童がその児童に影響を及ぼすすべての事項について自由に自己の意見を表明する権利を確保する。この場合において，児童の意見は，その児童の年齢及び成熟度に従って相応に考慮されるものとする。

第16条１　いかなる児童も，その私生活，家族，住居若しくは通信に対して恣意的に若しくは不法に干渉され又は名誉及び信用を不法に攻撃されない。

第29条１　締約国は，児童の教育が次のことを指向すべきことに同意する。
(a) 児童の人格，才能並びに精神的及び身体的な能力をその可能な最大限度まで発達させること。
(b) 人権及び基本的自由並びに国際連合憲章にうたう原則の尊重を育成すること。
(c) 児童の父母，児童の文化的同一性，言語及び価値観，児童の居住国及び出身国の国民的価値観並びに自己の文明と異なる文明に対する尊重を育成すること。
(d) すべての人民の間の，種族的，国民的及び宗教的集団の間の並びに原住民である者の理解，平和，寛容，両性の平等及び友好の精神に従い，自由な社会における責任ある生活のために児童に準備させること。
(e) 自然環境の尊重を育成すること。

（以下省略）

第十節　学校カリキュラムと〈家庭科〉の位置づけ

臼井　嘉一

筆者は昨年『学生と教師のための現代教育課程論とカリキュラム研究』（成文堂）というテキストを編集・執筆したが、ここで論じていることをベースにして、近現代教育実践史における学校カリキュラムをとらえる視座およびそれを踏まえた教科〈家庭科〉の位置づけをめぐる諸論点について簡単に述べてみたいと思います。

一　近現代教育実践史における学校カリキュラムをとらえる視座
――「統一ある学科課程」と「児童を発達させ社会生活に導き入れる」――

昭和前期の一九三二年の時点で、教育学者阿部重孝は当時の学科課程を社会変化の視点からとらえつつ、「生活から遊離した教育目的」がその基底にあることを看破し、アメリカのカリキュラム研究に学んで「真に関係ある教材と活動との間に存在していた従来の障壁を取り除き、統一ある学科課程に向かうこと」、及び「児童を円満に発達させて、之を社会生活に導き入れる」という教育目的にそった「新学校を新たに発足させること」を展望していました。(1)この阿部の、「教材と活動との間に存在していた従来の障壁を取り除き、統一ある学科課程に向かう」という観点と、「児童を円満に発達させて、之を社会生活に導き入れる」といういわば「教育目的にそった新学校を新たに発展させること」を展望するという観点に注目する必要があります。そして、この二つの観点は不即不離の関係のものとして、切り離すことのできない密接不可分な問題のものであることを銘記する必要があります。

ところで、阿部は、以上のような二つの観点を踏まえて近現代教育実践史における学校カリキュラムのあり方を総括して、小学校では社会生活の変化に十分応じていない、いわば読書算中心の学科課程にとどまっていること、そして旧制中学校では社会生活の変化に対応する側面を有しつつも、単なる上級進学校の側面も有する学科課程であることを看破し、中学校改革を示唆しています。そして、阿部は以上のような問題意識から近代教育実践史の学校カリキュラム改革の新しい動向として形成されつつある大正期の「新学校」運動に着目し、その改革的意義を認めるが、同時にこの運動の影響と問題点について次のように指摘しています。

○これ等の学校に於いては、「学校は全然（ママ）児童の興味に立脚する」という児童中心の学校は学科課程に生気を与え、児童のために創造的な環境を与えたことは注目すべきであるが、これらの問題に弱点の存在することも注意しなければならない。

○その弱点は教育的浪費である。活動それ自体が目的の如く考えられて児童の活動を評価すべき規準に多く欠けている。

○児童の活動はその発達に対する手段であり児童を円満に発達させて、之を社会生活に導き入れるのが教育の目的である。

以上において、そのポイントを整理したように、阿部は近代教育実践史における「新学校」カリキュラムの革新的意義を認めつつも、学校カリキュラムの新たなあり方――筆者はそれを近代学校カリキュラムから現代学校カリキュラムへの転換としてとらえているが――このような「生活から遊離した」学校カリキュラムから「生活と結合する」

学校カリキュラムへの転換を展望していたととらえられます。そして、このような「生活と結合する」学校カリキュラムの展望を、阿部は戦時期の国民学校カリキュラムづくりの動きや、生活綴り方教育運動、生活学校運動の動きを背景とした当時の「生活教育論争」や「教育科学運動」に見い出していたのではないでしょうか。

二 「教育科学運動」と〈家庭科〉改革の提言
――留岡清男と羽仁説子に学ぶ――

まず、留岡清男ですが、当時の高等小学校の家事科教科書には「『家』というものを取り扱う課が見当たらない」が、「修身科や国語科には『家』について教える教材は非常に多い」と指摘しつつ、「家事科が『家』を一つの枢軸として構成されているかどうかが問題である」と、まず述べたうえで、さらに「『家』の教材が単に懐古的に止まるのではなく、むしろ今日及び将来の家庭生活についてこれを如何なる方向に導いてゆかねばならないかという目標が筋金に大きく入っているかどうかが問題なのである」と提言しています。さらに、留岡は「家事科に於いて実習を重んじなければいけないという主張も唯調理の仕方や洗濯の仕方を実習するばかりでなしに、自分自身の家計の調査やそれぞれ異なった社会的階級の家計の調査を検討し比較し合うといった、生活調査の実習を重視しなければならなくなっている」とも述べています。(2)

さらに、留岡は別の論文で、「私は消費者教育の一つとして、家政教育の再構成を急務とし、それを女子だけでなく男子も之を教授せねばならぬと主張する」と述べています。(3)

次に羽仁説子ですが、羽仁は戦前期の『教育』終刊号で、当時の家事科教育についてふれていますが、戦後教育改革期に論文「家庭科」において次のように述べています。

「家庭科は個人と生活の問題から出発しなくてはならない。……これからは男性も女性も個人として自分の身のまわりについて責任を負わなければならない」

「家庭科という教科が生活技術だけを追って、人間の生活の尊さについて知らしめることができなかったならば不幸である」

「生活を組織だてるための手がかりとして『生活調査』の方法がもっと縦横に利用され活用されたらよい。[4]」

三　戦後教育改革と新「家庭科」と未完の「総合技術教育」構想
——宮原誠一のとらえ方をふまえて——

教育学者宮原誠一は、戦前「教科研」運動を継承しつつ戦後教育改革において誕生した「社会科」、新「家庭科」新「職業・家庭科」（新制中学校）にかかわって次のようなことを述べていたことを想起したいと思います。

宮原は、一九五二年段階で「職業・家庭科」について、この教科を「生産技術科」として刷新し、「義務教育を終えるまで国民経済について一般的な理解をもたせ現代の産業についての基礎的な知識と能力を習得させ、環境に合目的にはたらきかけていく積極的な態度をやしなわせる」として発展させることを提起しつつ、併せて「職業生活についての社会的・経済的な知識・理解」といわれているものは「社会科」に、「日本の国民生活—生産生活と結びついた消費生活、つまり生産的な消費生活のしかたについての基礎的な知識と能力との習得」は「家庭科」に担わせるこ

とを提起しています。(5)

以上の宮原のとらえ方を踏まえて、筆者は現在の「技術・家庭科」については、このとらえ方がややもすると「技術科」では「生産技術」、「家庭科」では「生活技術」という二分法がとられることを考えれば、「技術科」は「生産技術科」と位置づけて、いわば「総合技術教育」のコアとしつつも、「家庭科」は単なる「生活技術科」とは異なる、まさに生活技術と家庭生活研究の「家庭科」として自立・発展させることが必要であると考えます。

そして、以上のような中学校の「技術科」と「家庭科」をそれぞれ自立させることによって、小・中・高の「家庭科」という教科はそれぞれ発達段階的意義も明確にされて、なおかつ、戦前から積み重ねられた「家事科」改革や、戦後「家庭科」の男女共学化運動の成果が文字通り反映し位置づくことになるでしょう。

以上において、戦前から戦後にかけての学校カリキュラムにおける〈家庭科〉の位置づけをめぐる諸論点について概観しましたが、このような〈家庭科〉の発展は、まさに生活と学校を結合する学校カリキュラムの発展の中に位置づくものと思います。


【注】
(1) 阿部重孝「学科課程論」岩波講座『教育科学』第十一冊、一九三二年。以下同じ
(2) 留岡清男『生活教育論』西村書店、一九四〇年
(3) 留岡清男「酪連と酪農義塾」『教育』一九三七年、十号
(4) 勝田守一ほか編『教育』第5巻 岩波書店、一九五二年十一月
(5) 勝田守一ほか編『教育』第3巻 岩波書店、一九五二年七月

第三章　家庭科の実践

第一節　小学校―さまざまな視点から、衣服の快適な着方を学ぶ―

岡田　みゆき

一　はじめに

小学校家庭科では、夏は涼しく冬は暖かく過ごすための着方や気温の変化に応じた着方の工夫を考えさせることや、体育着や作業着は動きやすさや安全性を考慮して作られていることを理解させることが求められています。最近では、クールビズやウォームビズのように、電力の消費量や二酸化炭素の排出量を抑制することを目的とした着方や紫外線から身を守ることを目的とした着方を目にします。つまり、環境に適応する視点での衣服の着用が求められているのではないでしょうか。

ここでは「なぜ衣服を着るのだろう」（計三時間）の中の二時間目、小単元名「紫外線から身を守ろう」を中心に紹介します。（二〇一〇年、北海道教育大学附属旭川小学校第五学年で実施。授業者：土岐圭佑）

二　授業の展開

(1)　気温の変化や活動に応じた着方を考えよう

一時間目の授業では、自分の持っている夏服の中から、来月に近づいた宿泊研修で着たい服を選び、なぜその服を選んだのかを考えることを通して、気温の変化や活動に応じた日常着の着方を学びました。子どもたちは、ワークシートに自分が選んだ服の絵を描き、その下に「動きやすい」「涼しい」「かっこいい」など、その服を選んだ理由を自分なりに書き込みました。その後、グループでの交流を通して、友達が選んだ理由と自分の選び方と比較して、選ぶ視点を広げていきました。授業者は、布の吸水性、伸縮性、通気性などを子どもたちが理解できるように、実験や実物を見せながら授業をすすめ、そして、子どもたちが選んだ理由が的確であることを明らかにしていきました。「ジャージーは、編み物だから伸び縮みし、運動に向いていることがわかった」「北海道は昼間暑くても、朝晩気温が低くなるので、パーカーやカーディガンが必要だ」「綿一〇〇％のTシャツを選んで大正解だった。汗を吸収できることがわかった」などの児童の感想から、科学的な根拠をもって選択できるようになったことがわかると思います。

(2)　紫外線から身を守ろう

二時間目の授業では、宿泊研修では野外活動を行うために紫外線を多く浴び、それが健康を害することを知り、紫外線を予防するための着方を学びました。最初に、実生活で売られている子ども用サングラス、帽子、パーカーなどの紫外線対策グッズの実物を児童に提示しました。初めはサングラスをかけて喜んでいた子どもたちでしたが、普段かぶっている帽子と形が違うことから、一部の児童が紫外線対策グッズであることに気が付き、パーカーについていた「UVカット」の表示から確証したようでした。「これ紫外線除けだ」「UVカットだって」など、数名の子どもたちがいいだし、インパクトのある出だしになりました。これらグッズは、授業の最後でも扱ったのですが、子どもたちは何度も何度も触れたり、着用したりして、紫外線対策グッズを肌で感じていました。紫外線への興味・関心を高めるうえでは実物に触れることは効果的であったと思います。

次に、紫外線を量的に示すことができる紫外線チェッカーを使い、教室の内外の紫外線強度を測定しました。そして、紫外線の量を科学的に認識させたうえで、紫外線の強度と人体への影響を説明しました。これにより、野外活動の多い宿泊研修では、紫外線をかなり浴び、その対策が必要であることを理解したようです。

さらに、紫外線に関する○×クイズを、グループ対抗ビンゴゲームの形式で行いました（図３－１）。楽しみながら、短時間で紫外線に関する知識を子どもたちに身に付けさせることを目的に行ったものです。正解を発表するときは、それぞれの答えに対する説明を加えることで、紫外線対策を科学的にとらえることのできるようにもしました。子どもたちはゲームに熱中し、正解が発表されるごとに、歓声をあげていました。

最後に、ワークシートを配布し、授業で考えたこと、紫外線対策としてこれからやってみたいことを自由に記述させました。紫外線対策としては、「日焼け止めクリームをぬる」「紫外線に気をつけて服装を選ぶ」「授業で

図３－１　ビンゴゲームカード

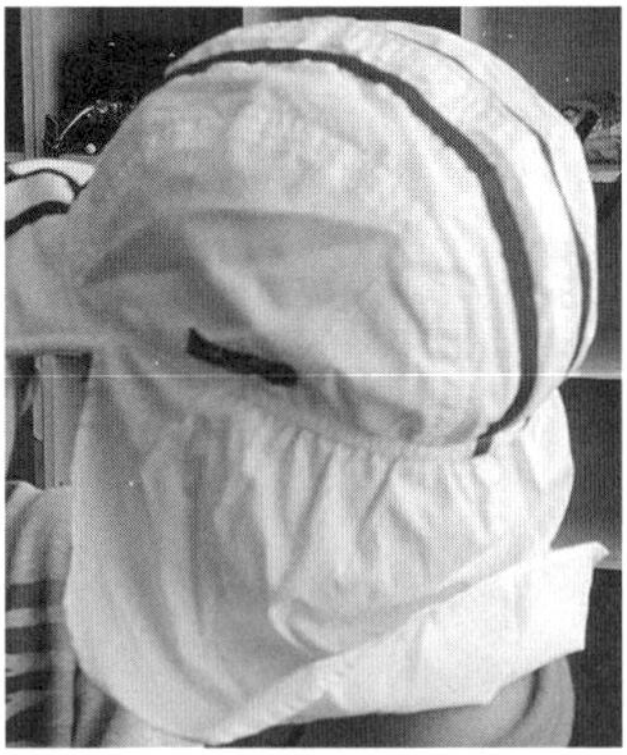

写真３－１　子どもが形に興味をもった UVカット帽子

わかったことを宿泊研修で生かす」などの記述があげられていて、宿泊研修では紫外線対策をしたいという意欲と、実際に対策方法を考えることができました。

(3) クールビズ、ウォームビズについて知ろう

三時間目の授業は、「クールビズ、ウォームビズという言葉を聞いたことがありますか」という問いから始まりました。子どもたちの多くは、「涼しい着方と暖かい着方」や「聞いたことはあるけど、よくわからない」という回答をしました。そこで、冷房や暖房の設定温度を下げても快適に過ごすための服装であることを知らせると、「北海道は冷房がないから、ウォームビズのほうが大切だね」「設定温度を一度下げるとどのくらいの二酸化炭素が抑制できるのだろう」などの意見や質問が出て、質問に対しては、授業者がデータを基に説明を加えました。この説明を聞いた児童の一人が「ウォームビズは環境にやさしいだけではなく、お財布にもやさしいんだ」という発言をし、これを機に、他の子どもたちもウォームビズのよさを納得したようでした。また授業後は、数人の児童がインターネットで製品を探したり、ウォームビズやクールビズについて調べたり、また実際の製品に触れたりし、これらの様子から、環境に配慮した着方にも子どもたちの関心が高まったことがうかがえました。

三　成　果

家庭科は、自分の身の回りに目を向けさせ、体験活動を通し、自分の生活の中の問題をみつめ、その解決策を考え、スキルを身に付ける教科です。総合的な視点で判断し、それにより、多様なものの考え方を促すことができます。この学習を通して、子どもたちはさまざまな視点から着方を考え、判断することを学んだと思います。

第二節　中学校―私も地域の子育てサポーター―

高木　幸子

一　授業のねらい

この授業は、中学生が、自分の暮らしている地域を子育て支援の視点から見直し、理解することを目的としたものです。安心して子育てできる地域の施設や場所、サービスなどを調査して、子育て中のお母さんに紹介しています。子育て真っ最中の担任（母親）をゲストティーチャーとして位置づけた、三時間（地域調査の時間は別）構成の授業です。（二〇一〇年、新潟市立中学校第一学年で実施。授業者：小林優）

二　授業の展開

「今日は何時に起きましたか？」と生徒に質問するところから授業は始まりました。朝ご飯は？　何時頃家を出たの？　家に帰るのは？　など、矢継ぎ早の質問に子どもたちは口々に答えをいっています。授業者は中学生の一日の生活時間を表にまとめました。そして、「じゃあ、小さな子どものいるお母さんはどのように過ごしていると思う？」と次の質問が投げられた途端、生徒の声がしなくなりました。しばらく待っていた授業者は、幼児の一般的な生活時間を書きこんだ用紙を貼り、中学生の生活時間と対応させて暮らしぶりを説明しました。そして、「赤ちゃんがいるママはどのような生活だろうね。」と問いを繰り返して、紙芝居を始めました。紙芝居では、子育て中のお母さんが、なかなかいうことを聞かない二歳児の扱い方に困ってママ友に相談をします。そして、ママ友から地域の子育て支援施設を活用すればというアドバイスが出されたところでお話しは終わりました。授業者は、「子育て中のお母さんにはいろんな悩みがありそうだから、直接お話しを聞いてみましょう。」と、教室の入り口に目をやりました。この言葉に促されるように生徒も教室の入り口に注目すると、入口から赤ちゃん（新生児人形）を抱いた母親（担任）が入ってきました。母親からは、毎日できることが増えていく子どもの成長をいとおしく思う気持ちや子どもを連れているとトイレに行く際もおむつ代えの場所があるか心配になること、子どもを抱えて電車に乗っていても席をゆずってもらえずとても危なく疲れる思いをしたことなどが語られました。

授業者は、紙芝居や母親の話を受け、私たちの暮らす地域が子育てにとって安心な場所となっているのかを調べてみようと、新潟市の子育て応援パンフレット「スキップ」を配布し、子育て支援施設・設備の数や場所、取り組み内容、対応時間などを確認しました。生徒からは、これまで全く知らなかったことや、思っていたよりもたくさん施設があることに驚いている声が聞こえてきました。授業者は、自分たちの住む地域でも、子育ての役に立つ場所やサービスなどを探して教えてあげられないだろうかと問いかけ、支援施設の位置が示された中学校校区の地図を黒板に示しました。そして、「次の時間から、地域の子育てサポーターとして西区の中にある子育て支援となる場所やサービスなどを持ち寄ること、また、持ち寄った情報は「子育て支援マップ」として冊子にし、地域の保育園を利用している母親に見ていただき評価をいただくこと」を周知しました。

次の時間は、「子育てマップを作ろう」をテーマに、生徒が集めてきた情報を整理することから授業が始まりました。子育て支援のためのお勧めスポットの名称や様子（イラスト・写真）、使用可能な日時、費用などがワークシート（図3－2）に整理され、黒板に貼られた校区のマップの位置に、自分のお勧めスポットの名称を記入した付箋紙を貼り付けて全員の情報をまとめる活動が進められました（図3－3）。活動の様子を見ていると、毎日通っている場所に、これまで気づいていなかった小さな公園や休憩所を見つけた生徒や、子どものころに楽しんだ遊び方を紹介しようとしている生徒もいました。また、みんなで探せば、数多くの子育て支援にかかわるお勧めポイントを見つけられることがわかり、地域を見直すことのよさを感じている様子が伝わってきました。

調査したお勧めスポットは冊子にまとめられ、次の授業時間までの間に、地域の子育て支援センターを利用している保護者の方々に回覧され、情報の良さや正確さ、わかりやすさなどの観点から評価がなされました。

三時間目は、お勧めスポットを発表し合った後、保護者から受けた評価の結果が返されました。多くの観点で良くできていることをほめられていましたが、課題として、トイレや駐車場の位置を示してほしいことが伝えられると、「確かに！」「そ

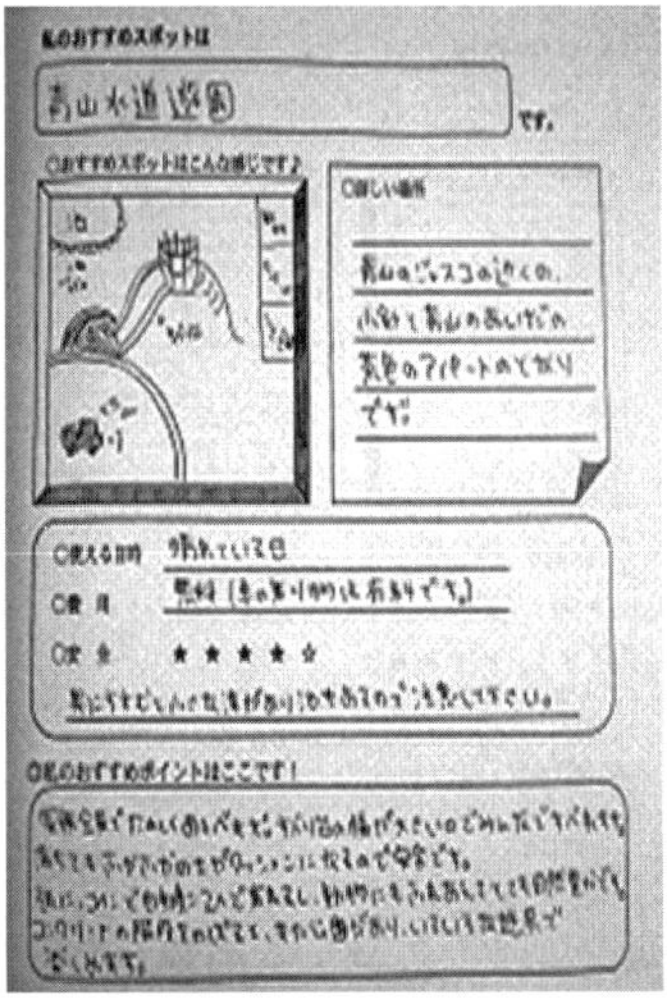

図3-2　作成したお勧めスポット

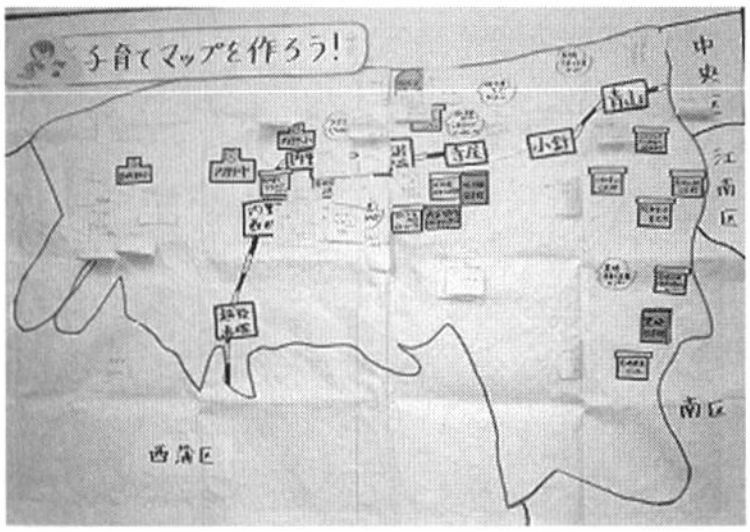

図3-3　情報が集められたマップ

うか！」など、自分たちが気づいていなかったこの指摘に納得した様子でした。その後、地元企業が行っている子育て支援策などの説明が補足され、最後に、日常生活の中でできる子育てを応援する行動を表明し合いました。

三　成　果

二〇一〇年の合計特殊出生率も一・三九と低い横ばい状態が続いています。実践校の事前調査でも、子育てをする人について、「地域の人」や「誰でも」など家族以外の人を含めて考えられている生徒は約二割ほどでした。

この授業を通して、九割を超える生徒が、子育ては親や家族だけではなく、地域が一体となって支援する必要性を理解し、地域の一員として、今の自分にできる子育て支援について考えることができていました。また、地域の取り組みについて調べ学習をしたことで、「地域にさまざまな子育て支援があることを初めて知った」「どんな施設があるのか調べてみたい」など、地域のことに興味をもつことができたようです。授業後の感想には、「小さい子やそのお母さんを見て、自分ができることは何か考えるようになった」「困っている親子に協力したい」など、地域に暮らしている親子に目を向けることができるようになったことが伝わってきました。

本実践では、地域の子育て支援施設や母親でもある教員がリアルな現実を伝える教材として役割を果たしている点は、家庭科の特徴であり他の教科には見られない良さです。自分の暮らす地域や人々に目をやり考える経験を提供し、自分たちが将来直面する家庭生活や職業生活の課題を解決するヒントを与える家庭科は、一人ひとりのよりよい生き方を支える教科なのです。

第三節　中学校—健康で安全かつ快適に住まう—

佐々木　貴子

一　授業のねらい

「阪神・淡路大震災」（一九九五）以降特に、室内の安全対策に関する学習が実践されるようになりました。しかし、地震の少ない地域に住む中学生においては、防災に対する意識が低く、室内の安全対策もされていない実態がみられました。この授業は、二〇一一年三月一一日に発生した「東日本大震災」で生徒の防災への関心が高まる中で、地震体験の少ない中学生に、地震によって家具等がどのように転倒するかを実験や観察を通して、対策の必要性を理解させることを目的に実施されたものです。（二〇一一年、熊本市立桜木中学校第一学年で実施。授業者：松並直子・熊本市教育センター「指導と評価部会」研究員）

二　授業の展開

「もし、地震が起きたら、自分の家で危ないと思う所はありますか？」と質問すると、生徒からは「タンスや本棚、食器棚が倒れたら危ない。また、上にのせている物が落下すると危ない」と模範的な返答がありました。しかし、実際に地震などに備えて家具を固定したり、家具の配置を工夫したりしている家庭は少ないことがわかりました。

そこで、このような実態を踏まえて、自作の教材を準備しました。個人用としては二〇分の一に縮小した部屋の平面図と立体模型（図3－4）、グループ用としては積木状の家具の簡易立体模型（図3－5）であり、この模型類は大部分の生徒が自分の部屋に置いている家具類とし、机は色画用紙で作成しました。また、全体用としては、カラースチロールでできた部屋の立体模型も用意しました。

「さあ、皆さん、これからあなたの部屋の模様替えをしましょう。これらの家具は、どのように配置しますか？その理由も考えて下さい」という言葉で授業が始まりました。「家具の配置が出来た人は、発表して下さい」という

図3-4　平面図と立体模型(個人用)

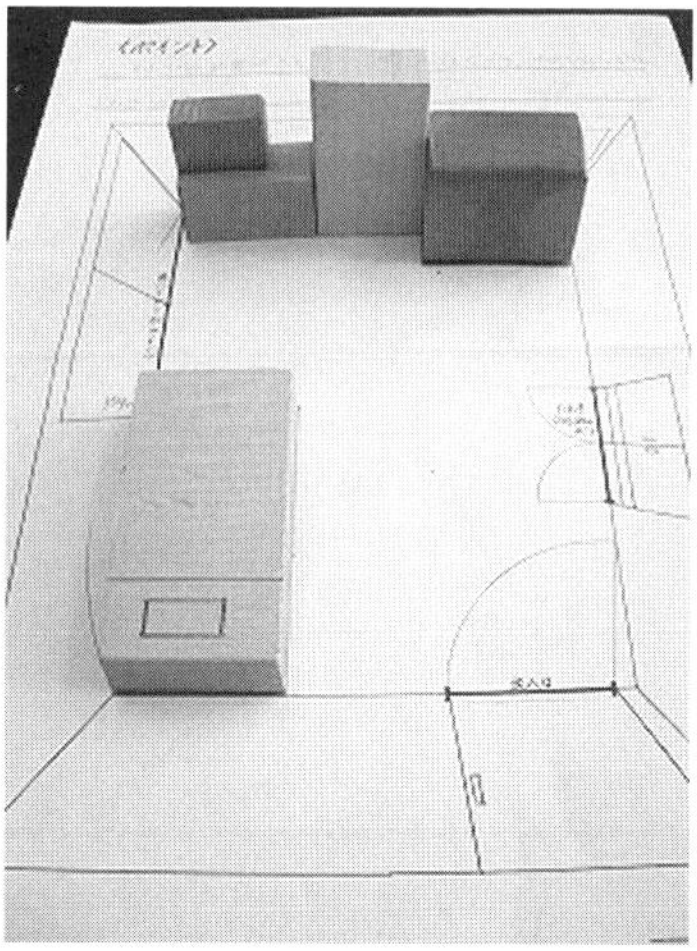

図3-5　簡易立体模型(グループ用)

指示に、生徒たちは日当たりのことや使いやすさを考えて家具を配置した等の理由をつけて、自分のプランを発表しました。しかし、この時点で、地震への備えを考えた生徒はいませんでした。

そこで、先生は「いろいろな意見がでましたね。では、ここである体験をされた方からメッセージを預かってきましたので、それを読んでみます」とおっしゃって一通の手紙を読み始めました。

「平成七年一月十七日午前五時四十六分。私はまだ眠っていました。何とも表現しがたい上下の激しい揺れ。頭の上に置いたはずの衣類がない。地震で体が宙に浮き、落ちた時に向きが変わったとしか考えられません。我に返ると、色々な物を踏んで、足にはけがをしていました。家の中は物が散乱し、ぐちゃぐちゃ。高いところのものは戸棚から飛び出し、上に置いていたものは落ちていました。ガラスはほとんど割れ、壁もところどころ落ちていました。近所の人の話では、部屋の出入り口が倒れたたんすにふさがれやっと脱出できたという話も聞きました。まさかこんなに大きな地震が起きるなどと全く思ってもいませんでした。今でも大きなダンプが通った振動にもあの時の恐怖がよみがえり、ビクッと目を覚ますことがあります」という体験談でした。これを聞き終えた生徒たちの顔は、一変しました。

「どうかな？　先ほどのみんなの発表には、防災の視点が入っていなかったように思いますが、皆さんの中には『熊本には地震は起こらない』と勝手に思い込んでいる人はいませんか。東日本大震災以降、日本はどこで地震が起こっても不思議ではない状況にあるといわれています。今度は地震を意識して、家具の配置を考え直してみましょう」という指示に、生徒たちが地震をイメージして簡易立体模型を揺らし始めました。すると「あっ、家具が壁にぶつかって、その反動で倒れたよ」「わあ、ベッドに向かってタンスが倒れてきたよ」「これじゃあ、カラーボックスが出入り口を塞いでしまうよ」等という声があがりました。生徒たちはこの実験を通して、家具が転倒する様子を観察し、転倒防止対策の必要性を理解することができたようです。

最後に、先生は「部屋の窓やドアなどは、簡単に取り替えることはできませんね。だから、家具の配置だけでは安全性を保つことができない場合もあるのです。そういう場合は、家具の転倒防災対策や落下防止対策、さらにガラス飛散防止フイルムを貼るなどの対策をとる必要があります。」と話し、ビジュアル映像を用いながら、家具転倒防止対策用の器具やその取り付け方などを具体的に紹介し、授業は終わりました。

三　成　果

地震はいつ発生するか予測がつかないこと、また、人間は就寝中、無防備になること等を合わせ考えると、防災（減災）の視点から自分の暮らし方（住まい方）を見直し、自分や家族の命を守るためにはどうしたらよいかを考え、それぞれに適した防災対策を知り、それを実践していく力を養うことが重要です。地震体験の少ない地域においては、この授業のように実験を通して理解をしていくことが、防災意識を高めることにつながるものと考えます。

第四節　高等学校―ユニバーサルデザインを通して多様性・共生の視点を学ぶ―

小谷　教子

一　授業のねらい

わが国は今、少子化と高齢化が他の国に例を見ない勢いで進んでいます。このような現代社会では、共に支えあって生きていく共生の視点がますます強く求められています。共生の視点とは、すべての人が自分らしさを大切にしながら、家族や地域、社会の一員として主体的な生活を送るためには欠かせないものです。共生社会実現に向けて、自分がどのようにかかわっていけるのか、身近で具体的なものを通して考えさせた男子校の授業を紹介します。（二〇一一年、東京都市大学付属中学・高等学校第二学年家庭基礎で実施。授業者：菊野暁）

二　授業の流れ

(1)　共生社会のキーワード―ユニバーサルデザインを知っていますか?

ユニバーサルデザインとは、年齢、性別、能力、障がいの有無や度合い等にかかわらずできる限りいろいろな人が使いやすいモノや設備・情報などのデザインのことです。社会の中にユニバーサルデザインが広がることは、多様な人々の自立を支援するシステムづくりを可能にし、共に生きやすい社会の実現につながります。

最初の授業では、普段何気なく見たり使ったりしている生活用品を提示し、どんなところにどのような配慮がされているか、グループごとに検討し発表しました。利き手がどちらでも開封可能なお菓子のパッケージ、握力が弱くても左利きでも使いやすいボールペン、注ぎやすいよう持ち手が工夫された洗剤容器、色弱者にも対応したボールペン等々です。「僕がいつも使っているものが実は障がいのある人にも使えるようになっているということに一番驚いた」「一番強く感じたことは、普段何気なく使っている製品にも、UDがかかわっていた。すべての人に使いやすいものは、自分にも当てはまることがわかった。ちょっとした工夫が障がいのある人や高齢者だけではなく、大勢の人に役立っている」などの感想に見られるように、実際に触ってみて目で確めてわかるもの、説明を聞いて初めて意味がわかるものがあったりと、それぞれのモノへの配慮や工夫の種明かしは、驚きの連続だったようです。

続いて、住宅設備やモビリティ（車のデザイン、カーナビ、駅構内）、ショッピングセンター（トイレ、階段などの設備、コーナーのデザイン）などのユニバーサルデザインについても写真で確認し、モノだけでなくその周辺の構造物やシステムにおけるユニバーサルデザインの必要性をも実感しました。

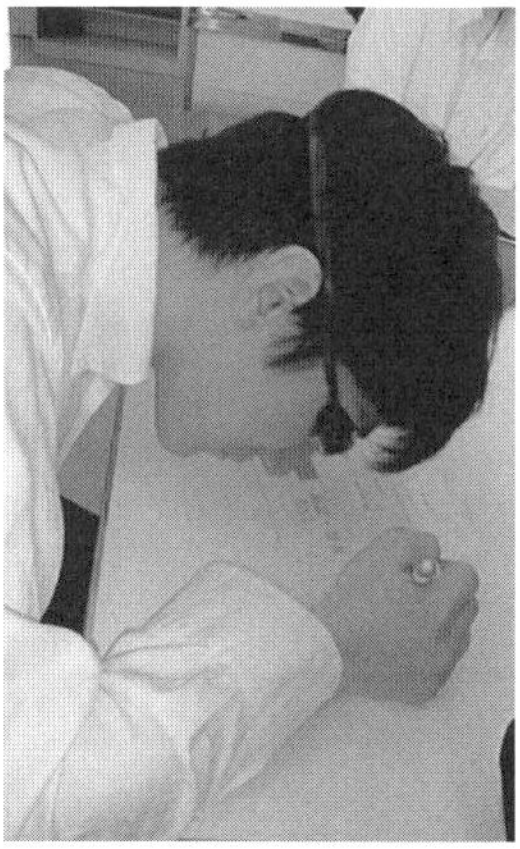

写真3-2　視力障害疑似メガネによる読みとり

(2)　多様な人々によって構成される私たちの社会を認識する

共生社会の学習の第一歩は、私たちの社会には、子どもから高齢者、右利きの人・左利きの人、障がいのある人・無い人など、多様な人が存在するということに気づくことです。二回目の授業では、①「軍手を二枚重ねて、制服ボタンの掛け外しや片手で一口ゼリーを食べる」、②「色弱・白内障疑似メガネをかけてカラーワークシートの字の見やすさを確認したり字を書き写す」など、握力の低下した人や利き手が逆の人、色弱者や高齢者に生徒自身がなりきってみました。普段と違う立場での体験は、見える世界が違ったり、思い通りにならないイライラ感を多くの生徒が感じました。

体験後の意見交換では、「ユニバーサルデザインは物事を多面的に見なければできないもので、それは人が理解しあうための原点ではないだろうか」「今回の授業でこれは障がいをもつ人だけの問題ではなく、自分たちとも深く関わっているのだと思い知らされた」など、体験を自分の生活に引き寄せて考えることができていました。妊婦体験ジャケットや車いす体験などを取り入れると、さらに多様な人々への理解や配慮が増すと思われます。

(3) 共生社会の実現に向けて―気づきを社会へ

次の授業では、ＵＤ製品を開発している企業の取組みを紹介しました。普段は消費者側からの視点でしか見たことがなかった生徒たちは、企業が多様性に配慮した社会の実現を念頭において、消費者の参画を求めて共に創る姿勢を大切にしていることを知り、消費者（ユーザー）と生産者（メーカー）の対等な関係が良いものを創りだしていることを学びました。ここは「消費者の権利」と関連づけて理解を深めました。

そしてこれまでの学習の集大成として、日常生活の中で家族や自分が不便や使いにくさを感じるモノに対して、アイデアを出して企画書を提出し、クラスでプレゼンテーションをすることになりました。いろいろなアイデアが提案され、優れた企画書は、企業に送付しました。身体・視覚機能低下者に配慮したラップフィルム、各種文具用品、ジャンプ傘、開封しやすいフリーザーバック、わかりやすい表示のジュースなど、企画書を送付したすべての企業から何らかの返事をもらい、生徒は企業の消費者に向けた「視線」を実感することができました。社会に働きかけ、大人（企業）に受け入れてもらったことは大きな自信や誇りとなったようです。

三　家庭科で育む力

家庭科では、生活者の視点から生活の中の具体的な事柄を通して社会の実情を知り生き方を学びます。授業をきっかけに、自分の生活環境に目を向け、日ごろ意識していなかったことや未知の部分に「気づき」、そこから「考え」「決断し行動する力」がついてきます。実践者の菊野先生が、「高齢者や障がい者のことは福祉という限られた分野の話であって、自分たちにはあまり関係ないと思っていた高校生が、それらの人を含めた自分たちとの連続性で生活の営みを考えられるようになったことが最も大きな成果といえるのではないか」と述べていたことが印象的でした。そのことは生徒の感想の中の「社会はさまざまな人で構成されており、私たちの社会環境をよりよくしていくために、積極的に意見を出していくことが必要だと思った」「これから僕らが社会を変えていかなくてはならない」にも表れています。

二〇一三年からの高等学校新学習指導要領では、新たに「共生社会」にかかわる項目が盛り込まれました。今回の授業のように、一面的になりがちなモノの見方を多面的にとらえられるようになることは、多様性を認知し確認することにつながり、一人ひとりを尊重する共生社会の実現に向けての大きな一歩になるはずです。

第五節　高等学校──調理実習を通して社会とのつながりを見つめる食教育──

小高　さほみ

一　授業のねらい

調理実習は、多くの生徒たちが心待ちにしている授業です。その調理実習を軸にして「社会とのつながり」を学ぶ東京都立桜修館中等教育学校の家庭科の授業を見てみましょう。（二〇〇九年、東京都立桜修館中等教育学校第四学年（高校一年生）「家庭総合」で実施。授業者：前期　近藤悦子・後期　高橋洋江）

四年生は、一つのクラスを二つに分けて授業をしています。前期は和洋中の献立を、後期はパンや豆腐・うどんなどの手作り食品を中心に実習を行います。そして、新聞記事・ドキュメンタリー映像・書籍などを活用して、多様な視点から「食」を学ぶ授業が展開していきます。長期休業中には、前期は食生活に関する新書のレポート、後期はさまざまな世代の食生活の聞き取り調査を宿題として課し、その発表・検討を通じて「食」の課題を共有していきます。生徒たちは、社会とつながる「食」のテーマを、調理実習と関連させて学んでいます。

二　授業の展開

(1)「食の欧米化」も実感する調理実習

第一回目の授業は、クッキーを作りながら、ティスティングやテクスチャーなど「五感を使って味わう」調理実験・実習です。次の授業では、高度経済成長期の生活の変化、食生活の変化について学びます。第二回目の調理実習は洋食で、白身魚のフライ、タルタルソース、にんじんグラッセなど、脂肪摂取の増加につながる「食の欧米化」を実感する献立。マヨネーズづくりで、卵一個にサラダ油二百ccを加えると「え〜、そんなに入れるの！」と驚きの声。白身魚を揚げ始めると、先生は、「これも揚げて、試食の時、比較してね」と冷凍食品「白身魚のフライ」を配ります。香ばしい匂いが教室中に広がり、いよいよ試食。タルタルソースもフライと共に完食。後片づけでは、「油は水に流さず、必ず布でふき取ってね」との先生の声に、生徒たちはエコバッグ製作時の端切れを利用して、よごれをふき取っていきます。

第三回目の献立は、和食で、親子どんぶり・すまし汁・ほうれん草のおひたし。後片づけが始まると、「前回の調理実習の片づけと比べてみてね」と先生の声が教室全体に行きわたります。あぶら汚れは鶏肉の脂のみのため、鍋・丼ぶりの汚れは簡単に洗い流せます。生徒たちは、「あ、楽だね」とつぶやきながら洗い、流しと調理台の水滴を残さずふき、あっという間に後片づけ終了。先生の一言で、前回の洋食献立と比較し、個々の学習経験がつながっていきます。

(2)「食の課題」を考察する

調理実習後のワークシート「実習の課題」では、調理実習と関連した多様な視点・社会とのつながりを考察していきます。第二回実習の考察では、「冷凍食品との比較」の設問に、「時間があるときには手作りもいいけど、忙しい時には、手間と時間を考えると冷凍食品が早くて便利」と書いている生徒は半数近く。次の設問「冷凍食品やインスタント食品が普及した理由を、資料の時代背景を元に考えてみよう」では、前回の授業「高度経済成長期の生活」の学習と結び付けて考察していきます。「食生活よりも他のことに時間をかける生活感」など、ライフスタイルの変化や女性の生き方の変化が食の簡便化の背景にあることに気づきます。また、「油脂を多く使った食生活が自然環境に与える影響を考えてみよう」の設問には、「油や洗剤による汚染」について考えています。第三回目の実習の考察では、「洋風の献立」との違いを、油や調味料の数、塩分濃度、後片づけなど、多面的に考察しています。

そして、調理実習で実感した「食の欧米化」について、ドキュメンタリー映画『SUPER SIZE ME』やベストセラーの資料を通して学習します。アメリカの食事事情から、貧困が肥満をもたらす仕組みを理解し、健全な食生活の営みの社会的課題へと視野を広げていきます。さらに、フードファディズムや稲作文化や狩猟文化など、調理実習と関連した具体的なテーマが取り上げられ、「実習の課題」で、現実の社会を批判的に読み解いていきます。

こうした実習の考察のまとめが、長期休業のレポート発表に集約されていきます。全員の発表を聞き終えた直後の考察「私が考える日本の（私の）食生活課題」には、社会とのつながりを見つめた語りが綴られています。たとえば、「日本は農耕地が狭く、そのうえ近代では少子高齢化が進んでしまっているため、元々の自給自足でできた食品でさえも、自給自足できなくなってしまっている。輸入に頼ることは簡単だけど、輸入によって、現地で起こる様々な障害や日本の農業の衰えが促進されることを考えると、安易に輸入に頼れないと思う。日本はこれ以上、農業をなくさないために、若者が農業に取り組む体制が必要だと思う」と、農業へと視点が広がっています。また、「どの発表を聞いても、食生活の問題の根源は経済的な問題にあると言える。まずは、経済的な問題を改善すべきである。（中略）

実際には何も行動しなければ、食生活は改善されない。食生活を改善しようという意識を、多くの人がもたないと、今後も食生活の問題は増えるばかりであろう」と経済の問題として捉え、意識改革を訴えている生徒もいます。「世界の食生活がバラバラなのは、文化が影響している面もあるが、貧富の差があることも原因であることが分かった。（中略）アメリカは貧困が原因でジャンクフードの割合が増え、肥満の人が多く、アフリカは貧困が多く、飢餓になってしまうのだ。もっと、世界で食のバランスをとるべきだ」と、グローバルな視点で課題をとらえています。

三　自分の課題と、社会とのつながりを見つめる家庭科

この授業では、座学にも調理実習にも、多面的な学習へとつながる手だてが数多く用意されています。それらが相互に関連しあい、食文化を学び、さらに「食の課題を考察する」ことへとつながっています。調理実習では、食品の調理上の性質や調理方法や、誰かと一緒に作り・食事する楽しさを学びます。そして、「実習の考察」で、連続した実習と座学がつながり、多面的に検討する学習が展開しています。作る・食べる・片づけることを通して、食の欧米化による脂質摂取の増加を理解し、日本型食生活を再評価し、自分たちの食生活を見つめ直します。一方で、映像と図書資料から、日本や世界の食をめぐる社会的課題へと視点をひろげていきます。

このように、調理実習を学習と関連させて、「食」と社会とのつながりを、多面的に総合的に理解し、広い視野から「食」を考察した授業が、「家庭総合」では行われています。広い視野を得た高校生たちは、社会へと巣立っていき、それぞれの課題を探求し続けています。

第六節　高等学校―セーフティネットの重要性を学ぶ―

坪内　恭子

一　授業のねらい

本教材では、お笑い芸人の田村裕さんの『ホームレス中学生』（田村裕、ワニブックス、二〇〇七）を題材に、セーフティネットおよび人や地域のネットワーク重要性を学ぼうとするものです。（二〇一〇年、山形県立酒田高等学校第二学年「家庭基礎」で実施。授業者：石垣和恵、二〇一一年東京都立大江戸高等学校第一学年で実施。授業者：坪内恭子）

二　授業の流れ

(1)　『ホームレス中学生』の抜粋を読みあらすじを理解する

生徒たちはこの資料を食い入るように読んでいきます。自分とほぼ同年代の子どもが実際に体験した話なので興味をそそられるのでしょう。その内容は、「中学二年生の夏休みに入ろうとする日に突然、お父さんから『解散宣言』をされた田村少年が公園で生活することになり、そこでどんな生活をしていたかその後どうなっていったのかが書かれています。お父さんが『解散宣言』をした理由は、お母さんが小学校五年生の時に病気で亡くなってしまい、お父さんはその替わりもしようと必死だったこと、そのことが原因でお父さんも病気になり入院したために仕事をなくしてしまったこと。その結果、借金が膨らんで家を売らなければならなくなり、住む家がなくなったためであったことを確認します。さらに、田村少年には大学生の兄と高校生の姉がいましたが、田村君は二人に心配をかけたくないために友達の家に行くと言って公園でホームレス生活をすることになりました」

(2) 公園でのホームレス生活の様子を理解する

「何も食べるものが無く、困り果てているときに目に飛び込んできたのは、公園の草。その草が食べられるのかどうかなんて全くわからないが、何か口に入れなければ待っているのは死である。とりあえず草を食べてみる。草は苦くて緑臭くて美味しくなかった。……(中略)……草はどれだけ食べても大して腹は膨れず、飽きもすぐにきて、見るのもうんざりしてくる。そんなとき、目に飛び込んできたのはダンボールだった。……(中略)……そのままでは食べられなさそうだったので水に濡らした。……(中略)……クソ不味かった。臭くてたまらなかった。とても飲み込めなかったけど、それでも空腹は少しは紛れた」(単行本：本文二二、二三ページ)。その頃「お兄ちゃんとお姉ちゃんは、……(中略)……タコ公園というところに生活の拠点を移していた。お姉ちゃんはお兄ちゃんがバイトで居ない夜はいつ襲われるかわからない不安から……(中略)……朝までずっと一人で町を歩き回っていたらしい。こんな状況に追い込まれ、精神的疲労はピーク、(中略)肉体的な疲労もピークに達していた。」(五〇〜六〇ページ)

(3) ワークシートを使って、ホームレスにならないために、またホームレスからの脱出法について考える

① ホームレスになるまでにどのようなセーフティネットが利用できたのかを理解します。

雇用保険、公営住宅の活用、生活福祉資金、生活保護等の活用法を知っていれば、家族を解散したり家を失うこと

もなかったのではないでしょうか。

② どのようにしてホームレス状態から脱出できたのかを考えます。

「自ら川井君に助けを求めたり、川井君のお母さんが生活保護の利用を教えてくれました。清君のお父さんがアパート、家財道具を見つけてくれ兄弟三人で暮らすことができるようになりました」

③ 地域の共助以外にもＮＰＯによるサポートセンターやパーソナル・サポートシステムがあることを学びます。

三 成 果

この教材で学んだ山形県の高校生は、以下のような感想を述べています。

・ホームレス中学生のお父さんもこのような制度のことを知っていたら家族がばらばらになってしまうことはなかったのではないかと思いました。社会保障というものを知っているか、知らないかのそれだけの違いで人生が大きく変わってくると思うと社会保障制度は大切な制度だと実感しました。

・以前この本を読んだときにはここまで深く考えなかったし、自分には起こりえない話だと他人事に思って読んでいた。もう一度、このような形で読み直してみて、この本にはたくさんの大切なことやヒントが隠されていたんだなと思った。社会にはたくさんの困ったときのための制度があるけど、それらを使うための知識がまずなければ何もならない。あと、やっぱり人の助けがなければ生きていけないんだなと実感した。いざというときに頼れる関係を築くためには、普段から周りの人を大事にすることも大切だと思った。

このように生徒たちは、この教材を通してセーフティネットと人や地域のネットワークの重要性に気づいていきます。

社会環境が激変する中、格差社会の影響は進学をあきらめるなどというかたちで生徒に重くのしかかっています。生徒のアルバイトのアンケート調査（藤田昌子ら「貧困・格差社会における高校生の生活と労働の実態」、二〇一二）からは、学費や生活費をアルバイトでまかなう高校生の姿が浮かび上がってきました（図３－６）。また、学卒後も雇用情勢の悪化により若者の就職率の低下と非正規雇用の増加がセーフティネットからの排除にもつながっています。もはやホームレス状態に陥ることは他人事ではなく、誰にでも起こりうる事態でもあるのです。今後はさらに、すべての人々が安心して暮らすことのできる社会の構築に向けて、私たちがなすべきことを考えるところまで教材を深化させる必要があると思っています。

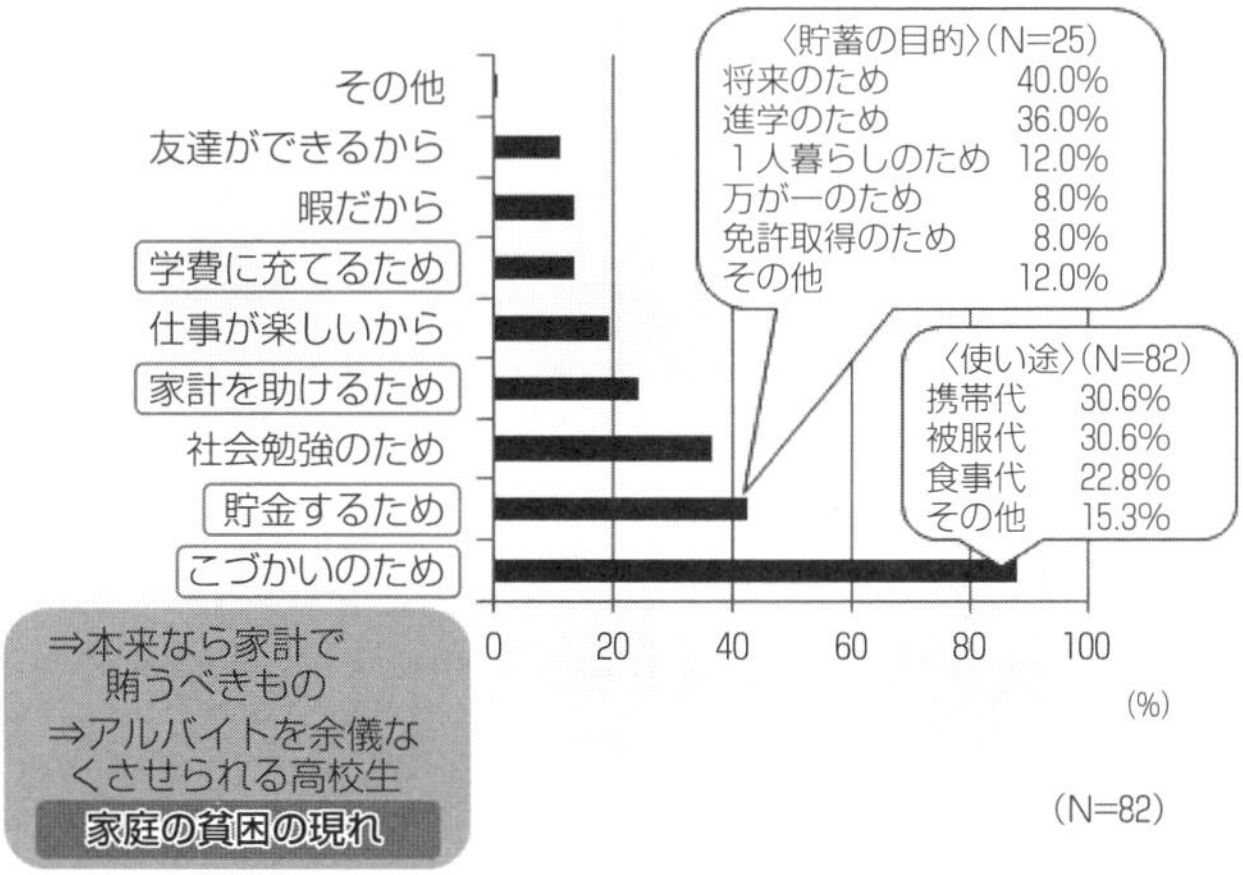

図３-６　アルバイトをしている理由

第四章　家庭科への期待

人が喜ぶものを作る（小学生）

由衛　涼

幼い頃、祖父母の家が近かった私は、よく遊びに行っていました。祖母はいつもおいしいお菓子やご飯を作ってくれたり、発表会のドレスやマフラー、パジャマ等を私が成長するたびにプレゼントしてくれたりしました。私はそんな祖母にとてもあこがれていました。

家庭科の授業が始まると、学習したことを活かして、一人でいろいろなものを作りました。ミシンが使えるようになったときには、祖母にワンピースを作ってあげました。祖母は、とても喜んでくれました。

家庭科の授業の「ものを作る」ことが好きです。作ったものを人にプレゼントすると、みんな喜んでくれるので、私も笑顔になります。でも、それは同時に自立していくことにもつながっていると思います。私はこれからも、人が喜ぶものを作っていきたいです。

大好きな家庭科（中学生）

渡部　舞佳

私は家庭科を学習して面白いといつも思うことは、その日学校で学んだことをすぐに生活にいかすことができるということです。

たとえば、食事などのバランスについて学ぶと、家に帰って考えながら作ることができます。また、裁縫を学ぶと、生活に役立つものを作ることができます。

家庭科で学習したことは、衣・食・住全てにおいて私たちの生活に生かすことができます。そして周りの笑顔を見ると少し大人になったように感じることができます。私たちの生活の中で何か問題が起こったとき、家庭科で学習した基本的なことを一つ一つしっかりと身につけておけば、解決していけると思います。そして家庭科の授業の中で地域の人や家族を笑顔にできる力も学んでいると思います。私はそんな家庭科が大好きです。

家庭科の授業で私たちが学んだこと（高校生）

松井　智範

私の学校は男子校ですが、家庭科では栄養のバランスを考えながら献立をたて調理をしたり、太陽光を利用したソーラークッキングをしたり、保育実習や、さらには茶道や浴衣の着付けといった日本文化的なことにも挑戦するなど多様なことを行っています。

家庭科にかける時間は限られていますが、授業やさまざまな実習を通して多くのことを学びました。家族の大切さ、子育ての意義、親の大変さ、日本の伝統文化と、幅広く学び、人間として成長できたと思います。

また授業の中で、自分が生活をデザインしていくという「生きる力の大切さ」や「男女が共同して家庭や社会に関わっていく必要性」も感じました。そして将来、家庭を築いていく自覚と目標ができました。

今後とも家庭科教育が推進されて、日本の社会が良くなることを願っています。

誰もが幸せに生きるための家庭科（大学生）

山根　三佳

私は、小学校の教員になりたいと思っている。所属している地域学部では、地域での実践的な教育が豊富である。地元の子どもたちとまちを歩いてマップを作ったり、サークル活動を通して行政や地域の人々と連携した活動も行った。〝すべての学問の目指すところは、人々が幸福に生きること〟という地域学の理念やこれまでの経験をもとに考えると、学んだことを自らの生き方に反映させることが求められており、今そのような教育が必要なのだと感じる。

子どもたちは、地域の中でさまざまな人とかかわり、生活している。単元や教材を比較的自由に設定することができる家庭科だからこそ、自分の生き方とそれを支えてくれる多くの「ひと」や「もの」とのつながりを体験的に学ぶことができる。それは詰め込んだ知識とは違う、生きてはたらく術となるだろうし、誰もが共に幸せに生きることについて実感をもって考えることにもつながる。家庭科だからこそできる教育だと感じている。

家庭科教育へのさらなる期待（保護者）

松田　正樹

私の子どもは一九九二年生まれで、公立小・中学校、私立高校（共学）に通った。授業参観や子どもの話を通して感じることは、衣食住の学習は充実しているが、人権や人生設計の学習が貧弱なことだ。

小学校では家族の団欒や生活を扱うが、児童福祉法や男女共同参画社会基本法はでてこない。中学でこれらはでてくるし、児童の権利に関する条約も扱うが、主要条文の抜粋のみ。ジェンダーや女性差別撤廃条約、ＩＬＯ１５６号条約、育児介護休業法はでてこない。これらは高校で扱うが、高校に通わない子どもがいる。家庭科単位数が少ない進学校もある。

そこで学習指導要領を拡大解釈し、義務教育中に人権（特に男女平等）と人生設計の学習を充実させてほしい。女性差別撤廃や男女平等は子どもの真の生きる力となり、ＩＬＯ１５６号条約や育児介護休業法の知識は将来必ず役に立つ。家庭科男女共修を高く評価するが、これは家庭科教育への私のさらなる期待である。

ＪＡグループ北海道との相互連携協定

鈴木　茂明

ＪＡグループ北海道は二〇〇七年に北海道教育大学と全国初となる「食育」に関する相互連携協定を締結しました。

その中で、将来、家庭科の教員を目指す学生に食と農業の体験を通して生命の大切さや生きる力を養い、感性豊かな教師になることを目標に「稲作体験塾」や「酪農体験塾」を行っています。

「稲作体験塾」では、お米の生産から収穫、流通までを学ぶため、総合学習開発専攻の学生が「食・生活教育論」の授業で「北海道のお米」を学習し、美唄市中村地区の圃場に出向き、最新鋭の機械を使用して田植えや収穫の体験と調理などを行います。また、地域文化を知るため「鳥めしの由来」も学んでいます。「酪農体験塾」では、生活・食育グループの学生が浜頓別の酪農家に寝泊まりして牛の世話や、食肉加工施設見学を通して「命」の大切さを体感しています。

家庭科教育は生活を通して自立と共生の力を育てる教科であるといわれています。この考えは、共に生き、お互いの理解を進め、共に向上しようという協同組合の理念に直結しています。これからも、JAグループ北海道は食と農を通して家庭科教育の発展に寄与したいと考えています。

家庭科は生きる力をつけるために重要

広岡　立美

二〇〇九年、県議会議員をしていたとき、わたしは家庭科について一般市民の人達に調査を行った。高校で家庭科の授業が減らされていることにとても危機感をもったからだ。そもそも家庭科の教科内容が知られていないのではないか。いまの教科書をみたことのある人も少ないのではないか。そう思って家庭科のイメージをきくと、調理と裁縫をあげる人ばかりだった。そこで教科書を実際に手に取ってみてもらい、そのあと、家庭科についての質問に答えてもらうという調査を行った。反応は予想した通りだった。教科書の内容の豊かさに目からウロコだった、授業を減らすことに反対だという意見が大多数をしめた。ひとり暮らしをはじめる子どもに教科書をもたせたいので譲ってほしいと言われたこともあった。人間の一生と社会のことを多角的視野から学ぶことができる。他人の立場になって考えることができる。家庭科は大学受験の入試科目にするべきだと思っている。

地元の醤油会社とつながる授業

新古　敏朗

私が子ども時代を過ごした、有田は「日本一のみかんの里」と教わり、青年期に過ごした、都会の大阪で、和歌山の良さを教わりました。「湯浅醤油は有名なブランドだった！　故郷でなぜか教えてくれなかった?」

地元に帰り、二〇〇五年から小学校で大豆から作る「マイ醤油プロジェクト」が始まりました。

このプログラムでは醤油（大豆＋小麦→麹＋塩水→醤油）＋豆腐作りを体験します。二年間ただ一言「美味しい」のために、子どもたちは、農業、伝統文化、生物学、コミュニケーション力、調理実習を必然的にこなし、気がつけば何でもできる子どもになっています。

写真4-1　種をまいて大豆の栽培

写真4-2　もろみを絞り醤油液を瓶に入れる

写真4-3　ラベルをつけて各自の「マイ醤油」の完成

写真4-4　「マイ醤油」のそばつゆで手打ちそばを試食

子どもたちが未来で役に立つ知識と知恵と誇りを与えるのが家庭科の役割であり、体験を通して楽しく伝えるべきだと覚心します。

環境負荷の軽減を教える

石塚　利明

近年、地球温暖化が叫ばれている中、個人個人の意識はまだまだ低く、環境に関しての負荷の軽減策としての方法は土地利用計画、エネルギー問題、交通環境、ゴミ問題などさまざまあるかと思われます。

戸建住宅では、環境負荷への取り組みとしてスマートハウスの普及を進めており、各家庭のエネルギー消費の見える化、エネルギーの制御などを行い、二酸化炭素量の削減への取り組みが始まっています。ただしそれだけでは、不十分であり、今後大きく温暖化の影響を受けていくのは、今学生である子どもたちであると思います。

こうしたなかで家庭科に求められることとしては、環境負荷の低減の必要性を教えていくことではないかと考えます。電気製品が増えてきている環境での使い方、自然を守る、生かす生活の仕方、ゴミの削減、分別、再利用の方法など、子どもたちに伝えることはたくさんあるかと思います。自給自足できる社会……使う分だけ作る社会、作った分だけ使う社会。その考え方を小学生に実体験をさせる科目として家庭科は不可欠であると考えます。

食は生活の基本、食育は家庭科から

平本　早余子

私たちが生きていくうえで、「何を食べるのか」ということは、とても重要な意味をもちます。食べものはいのちを育むものです。食べものが経済優先の商品になることで、食品添加物の乱用、安い外国産減量や遺伝子組み換え作物への依存、多量の農薬や化学肥料で栽培された農作物、抗生物質やホルモン剤、密飼いによる不健康な畜産物などが流通するようになります。消費者の食べものへの意識がそのような商品を生み出すのであり、そのことは個人の食生活だけでなく、社会や経済のあり方にまで影響していきます。だからこそ、これからこの国を背負っていく子どもたちが、食べ物について正しい知識と感覚を持つことが求められています。家庭科教育の中でも食育をさらに充実・強化していくことが必要です。

食で地域を知る

市橋　秀紀

佐渡市の子どもたちは、佐渡産の食材・伝統芸能・自宅近辺以外の地名などをほとんど知らずに育ち、高校卒業後は島を離れて進学や就職をしてしまうという現状があります。そこで、佐渡市では、子どもたちの郷土愛を育むことを目的に、学校給食で佐渡産の野菜や果物を用い、生産地や伝統料理を教える取組みをしています。野菜や果物が畑でどのように作られているのか、佐渡でどのくらいの量の食材が生産されているのかなど地域の状況について、家庭科を始めとした学校の授業でももっと教えてほしいと考えています。

学校と家庭・地域がひとつになり、子どもを取り巻く環境の教育力を向上させることが大切です。そうすることで、子どもたちは、郷土愛を深め、地域を大事に思い、将来佐渡へ帰って住みたいと思うようになるのだと思います。

循環を意識して暮らせる市民を育てる

菅野　芳秀

大気、水、有機物……、大地はさまざまな循環で覆われています。私たちに求められることはこの循環を妨げる暮らしをしないこと、より積極的にはこの輪をまわす一員となることです。循環の輪の中では、始めは終わり、終わりは始め、生産は消費、消費は生産。相互につながっています。

山形県長井市ではレインボープランという名の有機物を循環させるまちづくりを行っています。まち中の家庭の生ごみを堆肥にして田畑に還元し、できた作物をまちの台所で活用します。まちの市民は作物の消費者ですが、他方では堆肥の生産者です。市民は全体の輪を意識しながら生活しています。

家庭科に求められることのひとつは、このような循環を意識して暮らせる市民をどのくらいたくさん育てていけるのか、ではないでしょうか。たとえば自然の循環に即した食べ物を食べているか、残ったものを循環の中でいかに再生しているか。これらが未来づくりに大きくかかわっていくといってもいい過ぎではありません。できれば、子どもたちが野菜の残りクズを堆肥にして自分で野菜を栽培し、身近なところで大地の循環を体験してほしいと思います。

資料

河野　公子・上里　京子

一　日本の家庭科

日本の学校教育では、家族・家庭の役割や生活に必要な衣食住などの知識や技能を身に付け、課題を解決できる能力と実践的な態度を育てる教育は、家庭科が担ってきました。表1は、戦後の学習指導要領における家庭科の目標と内容の概要です。各時代の社会的背景とあわせて、日本の家庭科の特徴と成果について概観します。

(1)　民主的な家庭生活をつくる人を育てる教科として誕生した「家庭科」

一九四七年には、民主的な家庭生活建設者の育成を目指す新教科「家庭科」が創設され、小学校で男女で学ぶことになりました。カリキュラムの中心に家庭内の仕事や家族関係をおくこと、各人が家庭生活に責任をとれるようにすることを理念として、戦後の日本の民主化を図る教科と位置づけられました。

中学校の家庭科教育は、一九四七年には教科「職業」の一科目として実施されましたが、一九五一年には、教科「職業・家庭」と改められ実施されました。図1の中学校「職業・家庭」の教科書に、当時目指されていた「民主的な家族関係」の姿を見取ることができます。

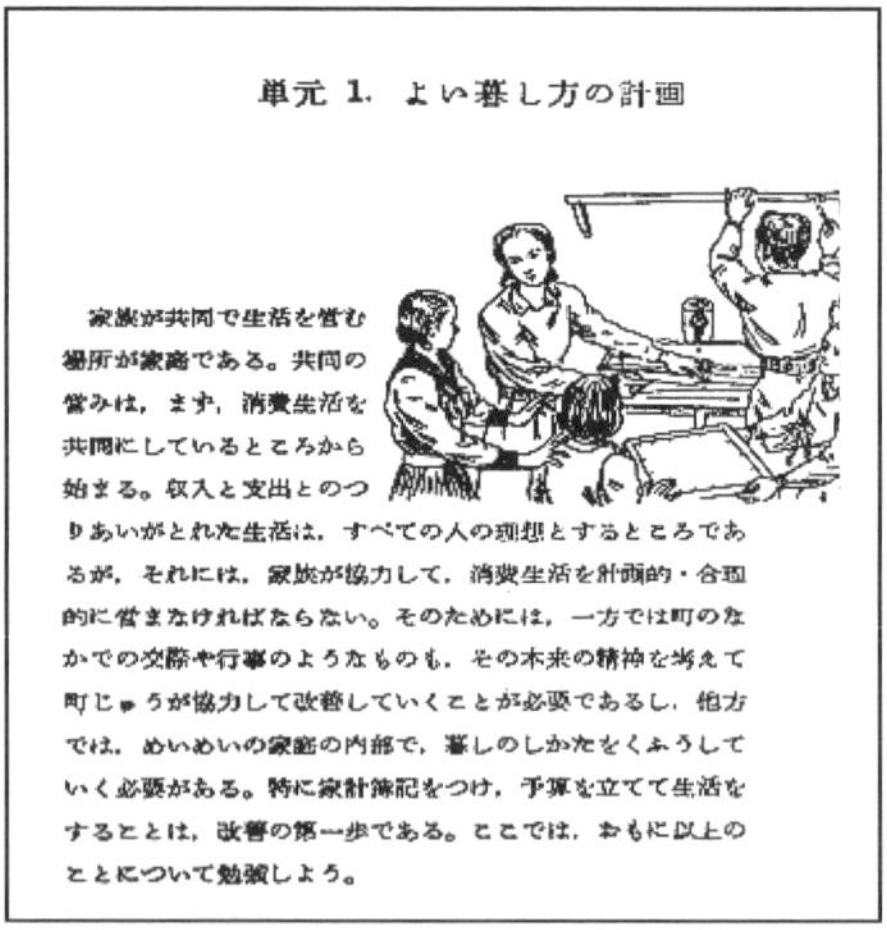

単元 1.　よい暮し方の計画

家族が共同で生活を営む場所が家庭である。共同の営みは，まず，消費生活を共同にしているところから始まる。収入と支出とのつりあいがとれた生活は，すべての人の理想とするところであるが，それには，家族が協力して，消費生活を計画的・合理的に営まなければならない。そのためには，一方では町のなかでの交際や行事のようなものも，その本来の精神を考えて町じゅうが協力して改善していくことが必要であるし，他方では，めいめいの家庭の内部で，暮しのしかたをくふうしていく必要がある。特に家計簿記をつけ，予算を立てて生活をすることは，改善の第一歩である。ここでは，おもに以上のことについて勉強しよう。

図1

出典）海後宗臣監修「職業・家庭」教科書（中学校第三学年用　中教出版，1953年）「単元　よい暮らしの計画」

表1　学習指導要領における家庭科，技術・家庭科の教科・科目名と授業時数の変遷

小学校家庭科	中学校技術・家庭科	高等学校家庭科
1947年　新制小学校発足 **1947年：民主的家庭人の育成を目的とし，新教科として創設された** 【1947〜55実施】 教科「家庭」 5・6年（各105）男女とも必修 **実態は男女で異なる指導内容** **男子：家庭工作，** **女子：料理・裁縫** **1951年「小学校における家庭生活指導の手引き」刊行** 【1956告示1956〜60実施】 教科「家庭」 5・6年（各70） 内容：家族関係，生活管理，被服，食物，住居の6領域で構成 【1958年告示1961〜70実施】 教科「家庭」 5・6年（各70） 内容：A被服，B食物，Cすまい，D家庭の4領域で構成 【1968告示1971〜79実施】 教科「家庭」 5・6年（各70） 内容：A被服，B食物，Cすまい，D家庭の4領域で構成 【1977告示1980〜91実施】 教科「家庭」 5・6年（各70） 内容：A被服，B食物，C住居と家族の3領域で構成 【1989告示1992〜2001実施】 教科「家庭」 5・6年各70時間計140時間 内容：A被服，B食物，C家族の生活と住居の3領域で構成。 【1998告示2002〜2010実施】 教科「家庭」 5年（60）6年（55） 内容：（1）〜（8）の8項目で構成 【2008告示2011実施】 教科「家庭」 5年（60）6年（55） 内容：A家庭生活と家族，B日常の食事と調理の基礎，C快適な衣服と住まい，D身近な消費生活と環境で構成	**1947年　新制中学校発足** 【1947〜50実施】 教科「職業（農，商，水，工，家）」 【1951〜1956実施】 教科「職業・家庭」：　4分類 **1951年：産業教育振興法成立 1954年「中央産業教育審議会」から「中学校職業・家庭科教育の改善について」を建議** 【1956告示1957〜61実施】 教科「職業・家庭」 必修教科　1・2・3年(各105〜140) 内容：1〜6群に整理統合　選択教科各学年70 **1958年教育課程審議会答申「科学技術教育の向上」（前年のスプートニク打ち上げ成功が背景）により，技術教育が重視。** 【1958告示1962〜71実施】 教科「技術・家庭」（教科改編） 必修教科　1・2・3年（各105） 内容：男子向き（工的内容）と女子向き（家庭科的内容）で構成　選択教科　各学年70 【1969告示1972〜80実施】 教科「技術・家庭」 必修教科1・2・3年（各105） 内容：男子向き（工的内容）と女子向き（家庭科的内容）で構成　選択教科　1・2年35，3年70 【1977告示1981〜92実施】 **いわゆる「相互乗り入れ」** 教科「技術・家庭」 必修教科　1・2年（各70）3年（105） 技術系列9領域と家庭系列8領域のうち，7領域以上を履修。男子は家庭系列から，女子は技術系列からそれぞれ1以上の領域を履修。 選択教科　技術・家庭　3年（35） 【1989告示1993〜2001実施】 **1987年教育課程審議会答申「履修領域に男女の差異を設けない」** 教科「技術・家庭」 必修教科　1・2年(各70)3年(70〜105) 技術6領域，家庭5領域で構成。全員必修の4領域と他の7領域から3領域以上を選択履修。 選択教科　技術・家庭2・3年（35） 【1998告示2002〜2011実施】 教科「技術・家庭」 必修教科　1・2年（各70）3年（35） 技術分野と家庭分野について，必修と選択履修の項目で構成。選択教科　全教科から選択 【2008告示2012実施】 教科「技術・家庭」　1・2年（各70）3年（35） 技術分野(A〜D)と家庭分野(A〜D)で構成 A家族・家庭と子どもの成長，B食生活と自立，C衣生活・住生活と自立，D身近な消費生活と環境で構成。選択教科　なし	**1948年　新制高等学校発足** **1947年「学習指導要領一般編（試案）の補遺で「家庭」が示された** 【1948実施】 教科「実業（農，工，商，水，家）」の1分野 【1948通達1949〜50実施】 教科「家庭」 「一般家庭」14単位1・2年（各7単位）。 7単位中2単位は「家庭学習（ホームプロジェクト）とする」。ほか7科目。 1949：職業教科「家庭技芸」が示された。 【1951改訂1951〜55実施】 教科「家庭」 「一般家庭」14単位。ほか「家族，保育，家庭経理，食物，被服」「家庭技芸の科目」 **1951年産業教育振興法制定により，翌年設備規準が作成され，ミシンや改善台所，家庭経営室などが整備。** 【1956告示1956〜62実施】 教科「家庭」（「家庭技芸」は統合される） 「家庭一般」4単位。被服，食物，保育・家族，家庭経営ほか専門科目19科目。 【1960告示1963〜72実施】 教科「家庭」：「家庭一般」（普通科女子のみ必修）4単位。ほか専門科目22科目。 【1970告示1973〜81実施】 教科「家庭」：「家庭一般」（すべての女子必修）4単位。ほか専門科目24科目。 【1978告示1982〜93実施】 教科「家庭」：「家庭一般」（すべての女子必修）4単位。ほか専門科目19科目。 【1989告示1994〜2002実施】 **女子差別撤廃条約批准，臨教審答申等とのかかわりで，男女必履修へ** 教科「家庭」 「家庭一般」「生活技術」「生活一般」各4単位から1科目選択必修（男女必履修） ほか専門科目23科目。 【1999告示2003〜2012実施】 教科「家庭」 「家庭基礎」（2単位）「家庭総合」（4単位）「生活技術」（4単位）から1科目選択必修 専門教科「家庭」　19科目。 【2009告示2013実施】 教科「家庭」 「家庭基礎」（2単位）「家庭総合」（4単位）「生活デザイン」（4単位）から1科目選択必修。 専門教科「家庭」20科目

注）1単位時間は，小学校45分，中学校50分，高等学校1単位は50分×35週

高等学校では、一九四八年の通達で教科「家庭」が置かれることになり、科目「一般家庭」は一四単位が示されました。この時、高等学校家庭科を特徴づける学習方法である「ホームプロジェクト」と「学校家庭クラブ活動」が導入され、問題解決学習として現在も実施されています。

(2) 家庭を取り巻く環境や社会の変化に対応して改訂された家庭科

その後、およそ一〇年ごとに学習指導要領が改訂され、家庭を取り巻く環境や社会の変化に対応して、教科名や履修のさせ方、授業時数・単位数、内容等が改められました。

前年のスプートニク打ち上げ成功を背景とする「科学技術教育の向上」を意図して、中学校では、一九五八年に中学校の「職業・家庭」が「技術・家庭」に改める告示がなされました。一九八〇年まで男子と女子の学習内容がまったく異なっていた技術・家庭科は、一九八一年実施学習指導要領から男女で他の領域を一部履修する「いわゆる相互乗り入れ」が行われるようになりました。男女によって学ぶ内容が異なる扱いが改められたのは、女子差別撤廃条約批准への対応のためであり、一九九三年実施学習指導要領からになります。

高等学校では、一九五六年に「家庭一般」の標準単位が四単位となり、普通科女子のみ必修（一九六三〜七二）、すべての女子に必修（一九七三〜九三）、一九九四年入学の生徒から男女とも必修が実施されました。

教科の内容についても、その時代の課題を受けて内容が改善され、消費生活と環境、子どもの発達と保育、高齢者の福祉などを充実すると共に、男女共同参画社会への対応などが図られています。

しかし、小・中学校共に二〇〇二年実施学習指導要領から授業時数が大幅に減じられており、高等学校においても、二単位科目を選択する学校が増えて、家庭科の学習時間の減少が大きな課題となっています。

(3) 自立と共生のための学びを深める家庭科

二〇〇八年告示学習指導要領では、小学校と中学校の内容構成が、A家族・家庭、B食生活、C衣生活・住生活、D消費生活と環境の四つの内容で示され、義務教育としての連携を重視し基礎・基本の確実な定着と生活の自立が意図されています。

二〇〇九年告示高等学校学習指導要領では、家庭を築くことの重要性、食育の推進、子育て理解や高齢者の肯定的な理解、支援する行動力の育成など少子高齢社会への対応、日本の生活文化等の内容が充実されています。また、高校生の発達課題と生涯生活設計などの学習を通して、次世代を担うことや生涯を見通すと共に、生涯賃金や働き方、年金などに関する指導を加え、生活を総合的にマネジメントする内容を充実し、社会の一員として生活を創造する意思決定能力を習得させることなどが示されています。

(4) 体験的・総合的に学び実践的態度と価値認識を育てる家庭科

これまでの小・中・高校家庭科の教育目標・内容・方法に共通していることは、①生活をよりよくしようとする実践的態度の育成を教育目標にしてきたこと、②生活主体である家族や人間相互の関係性、人間の発達と保育・教育、家族の発達と福祉、職業教育、家庭経営スタイルを規定する時間・労働・経済・生活資源などの管理、衣・食・住生活に必要な科学的な知識と技術等、家庭生活から地域社会、地球環境に広がる生活環境を総合的にとらえ、課題とその解決方法についても体験や実践を通してリアルに認識し、思考・判断・価値認識を伴って主体的に実践できるような教育内容を構築してきたこと、③学習方法に、実習や実験、調査などを豊かに取り入れ、プロジェクト法などの問題解決的な学習指導を続けてきたこと、加えて、学んだ知識や技術を生かして、個人・家族・地域社会・地球環境に存在する課題を、他者と協力・連携して解決する実践を通して、知識と技術を総合し、習熟させ、生きてはたらく問題解決能力としての「生きる力」を育成してきたこと、すなわち現在求められているＰＩＳＡ型学力に該当する力を培ってきた蓄積があるといえるでしょう。

二　世界の家庭科

荒井　紀子・菊地　るみ子

世界の子どもたちは、家庭や生活にかかわる内容をどう学習し、どのような力をつけようとしているのでしょうか。また、諸国と比べた日本の家庭科の特徴や課題は何でしょうか。データをもとにみていきます。

⑴　世界の家庭科の概要

表2は、世界の主だった国の家族・家庭や生活に関連した教科や学習内容、特徴についてまとめたものです。二一世紀現在の世界のカリキュラムをみると、大きく四つのタイプに分けることができます。

①　カリキュラム研究の蓄積を土台として、家庭生活の諸領域を包括的に学べるようカリキュラムがデザインされている米国と、その影響のもとで教科を発展させてきた日本、韓国、台湾、フィリピンなどの東アジア諸国。

②　子どもの生活自立力や協働・平等の精神、生活文化やものづくりを重視して、特に食教育を中心に独自の家庭科を発展させてきたスウェーデン、フィンランド、デンマーク、ノルウェーなどの北欧諸国。

③　ナショナル・カリキュラムの導入（一九八八）により、家庭科が、技術的内容に焦点化した「デザイン&テクノロジー」へと改変され、結果的にそこから省かれてしまった家族、健康、消費、生活経済などの学習については、新科目「PSHE（Personal, Social and Health Education）」や「シティズンシップ」において断片的に扱っているイギリスと、その影響のもとにあるオーストラリア、香港、南アフリカ共和国など。

④　家族・家庭や生活にかかわる学習内容を健康や職業関連の教科・科目と連携させたり、内容の一部に特化して扱ったり学校種別で履修に違いをもたせる等の方法をとるカナダ、フランス、ドイツ、中国などの諸国。

ここでは、これらの国の中で家庭科が積極的、包括的に実践されている米国と北欧について以下に説明します。

「米国の家庭科」

米国の教育は州単位で行われており、各州、各郡の中学、高校の現場では家庭科は必修科目、選択科目として多様な名称で開講されています。一九九八年には家庭科のナショナル・スタンダード（全米的な教育指針として教育の目標や内容を定めたもの。二〇〇八年に一部改訂）が作成され、家庭科の大綱が示されました。家庭科は「家族・家庭と職業生活の両立や生活管理力の涵養」を教科の目標とし、学習領域には、食と栄養、住居、衣服管理、家族、保育と親の役割、消費、人間の発達と人間関係のほか、キャリア学習など、個人や家族の生活にかかわる内容が包括的に含まれています。一クラスの人数は一五人から二〇人程度で、体験的な実習や討論、調査を取り入れた探求的な問題解決型授業方法が重視されています。

写真１　グループ活動に取り組む（米国の高校）

写真２　献立のバランスについて話し合う（スウェーデンの中学校）

必修・選択・履修学年，時間数など	教科の特徴	備考
・州，郡，学校毎に異なる ・中学は必修または選択，高校は多様な選択教科を用意。 ・学校によっては金融などを家庭科で必修で教える州も有り	・全米の家庭科の目標・内容の指針として，他教科と同様に，ナショナルスタンダードが制定されている（1998年制定，2008年改訂） ・小学校では家庭科の内容は，健康教育の中に含まれている	
・1～11学年で必修	・デザインスキルと製造スキルについて，初歩的なレベル1から高度なレベル8までの学習達成度が示されている。多くは料理課題の知識・理解・スキルを重視した学習	・オーストラリアも，イギリスと同様デザイン＆テクノロジーの教育課程
・小学校は，PSHE，中学校はCitizenshipが必修	・自分や他者，コミュニティにおける権利と責任や他者の尊重，ジェンダーなどの視点を重視。市民としてのコミュニケーションや問題解決の力を養うことを目指す	
・5～8学年で必修，118時間	・食の学習，特に調理実習と，持続可能な生活をめざしての環境教育，消費者教育が重視されている	・社会科の学習，特に中学1年生段階の社会科は，生活についての学習（家族や結婚，家計，福祉）が含まれている
・1～9学年を通して必修の「スロイド（手工芸）」で履修	・基本的に一人で自由にデザインや作業のプランを練り，ものづくりのスキルを習得すると共に，自尊心を高め，品質を見る目を鍛える	
・7～9学年で必修　114時間（週最低3時間135分履修）	・スウェーデンと同様に，食をマネジメントする力と消費者教育，環境教育を重視している	
・被服製作は1～6学年「手工」（304時間），7～9学年「手工芸，技術・織物」（114時間）で学ぶ	・スウェーデンと同様に義務教育を通じて物づくりを楽しみながらスキルを習得する教科	
・カリキュラムや必修，選択，配当時間数も州により異なる	・小学校は「自己設計」「健康教育」などの中に家庭科的内容あり ・中学校段階では，「キャリアと自己設計」「健康と生活設計」など家庭科的内容を含む教科と単独の家庭科教科とがある。	・16ある州ごとに学習指導要領がつくられ，教育に関する事項は州に権限がある
・小学校では，被服学習が必修 ・中等学校ではハウプトシューレで必修か選択必修，実技学校で選択ギムナジウム（進学校）は無し		・16ある州ごとに学習指導要領がつくられ，教育に関する事項は州に権限がある
・5，6年必修（週2時間） ・7，8，9年　技術・家庭必修 ・10～12年　家庭，選択	・必修強化として，日本と同様，家族家庭の内容を包括的に学ぶ	
—	—	一人っ子政策のもと，過保護で生活自立度の低い子どもの実態が近年，問題となってきており，日本の家庭科的な学習の必要性が注目されつつある

出典）家庭科のカリキュラムの改善に関する研究―諸外国の動向，国立教育政策研究所，2005　○ Skolverket, Compulsory school, Syllabuses 2000, Revised version 2008, Sweden　○ National Core Curriculum for Basic Education 2004, Finland,　○ National Standard for Family and Consumer Science 2008他

表２　家庭科および家庭や生活にかかわる教育の諸外国の例 （2012年現在）

国	科目名	学習領域や内容・方法	クラス人数 調理グループ人数
米　国	・Family & Consumer Science	・自己の成長，家族関係，ワークライフバランス，保育，食と栄養，被服，住居，消費，環境，資源マネジメント（時間，金銭，人），キャリア学習 ・問題解決型の学習，議論・討論，グループ学習を重視	・１クラス15～20人 ・２～３人で１キッチン（調理台） ＊システムキッチンがグループ分完備されている
イギリス	・Design & Technology（Food Technology, Textile Technology）	・デザイン＆テクノロジーは，フード・テクノロジーとテキスタイル・テクノロジーの２科目に分かれ，食品，被服をデザインスキルと製造スキルの視点から学ぶ	—
	・Personal Social & Health Education（PSHE） ・Citizenship	・家族や消費・環境・生活経済などのテーマについての学習は，左記の「個人・社会・健康教育」と「シティズンシップ」で一部，扱われている	—
スウェーデン	・Hem-och Konsument kunskap（家庭と消費の理解）	・食の学習（栄養と調理）を中心に，消費，環境，男女の協働，被服・住居管理を学ぶ	・１クラス10～15人 ・２～３人で１キッチン
	・Sjoid（手工芸）	・衣服，織り，編み物などの制作	・１クラス7，8～15人 ・１人１台のミシン他，織機など
フィンランド	・Katitalous（家庭科）	・栄養，食文化，消費，環境，家族等の内容を，共生の理念を貫いて学ぶ	・１クラス10～15人 ・２～３人で１システムキッチン
	・Kasityo（手工芸）	・衣服作，織り，編み物などの製作	・１クラス７～15人 ・１人１台のミシンなど，スウェーデンと同様
カナダ	・州により異なる名称	・健康，生活設計，キャリアなどを中心とした家庭科的内容	・州により異なる
ドイツ	・州により異なる名称 例：小学校（Textises Werk） 中学校（Hauswirtschaft, Textillehre）	・小学校で，被服製作や織り，中等学校で，服飾や家庭科的な内容を行うが州により異なる	—
韓国	・実科 ・技術・家庭	・家庭生活の理解，生活技能，生活資源と環境管理，食生活，住生活，衣生活，家族・消費など	・１クラス35～40人 ・５～６人で１調理台
中国	なし	・家庭科という科目はないが，「科学」で栄養，「品徳と生活」「品徳と社会」，地方及び学校開発課程などで生活教育を扱う	実習室なし

「北欧（スウェーデン、フィンランド、デンマーク、ノルウェー）の家庭科」

福祉と平等、生活のウェル・ビーイングを重視する北欧諸国では、生活を学ぶ視点が学校教育に根づいており、生活力をつける家庭科はその核となる教科ととらえられています。国ごとに多少の違いがあるものの、ほぼ共通して、家庭科は義務教育段階の四～九学年で必修および選択としておかれており、生活の自立と男女協働の家庭経営、消費者として市民性を育むことなどが目標とされています。学習内容は食教育、消費者教育が重視され、食領域を中心に、生活経済、消費・環境、住居管理、被服管理、家族などが含まれます。また被服製作は「ものづくり教育」として重視され、一～九学年に必修で置かれています。一クラスは平均十五人前後、授業単位時間は九〇～一二〇分、特に食の実習教育が充実しています。

(2) 日本の家庭科の優れた点と課題

世界の家庭科を俯瞰したとき、日本の家庭科（二〇〇八年改訂）の優れた点は以下のようにとらえることができます。

■小学校から高校まで、普通教科の中の必修教科として位置づけられており、児童・生徒が男女ともに、家族・家庭や生活について学ぶ機会が等しく保証されている。

■ひとつの教科の中で、生活を包括的に学ぶことができるよう学習内容が整えられている。特に小・中学校を通じて「家族・家庭、保育」「食生活」「衣生活・住生活」「消費・環境」の四分野で系統化され、高校では、さらに生涯を見通した「生活設計」「高齢者・福祉」等が加えられ、暮らしにかかわる内容が網羅されている。

■知識、技術を活用する力、協働で取り組む力、生活問題を解決する力をつけることが目標とされ、特に現行カリキュラムでは、生活に目を向けて思考力、判断力、表現力を育むことが求められている。すなわち、現代社会を生きるうえで必要な現代的学力を家庭科を通して身につけることが期待されているといえる。また日本の豊かな食文化、被服文化、住文化を子どもたちが理解し、新たな生活文化を創造する視点も盛り込まれている。

その一方で、課題もあります。ひとつは家庭科の時間数、単位数の少なさです。これだけ優れた包括的カリキュラムが創られていても、十分な学習効果をあげるための時間や単位が保証されていません。また一クラスの人数も、他国の二〇人弱に比べ日本はその約二倍であり、一単元時間も米国、北欧の多くの授業が八〇～一二〇分なのに比べ、その半分の学校が少なくありません。日本の子どもの生活自立力は他国に比べて低く、その力を子どもに授ける教育力を家庭に期待することはもはや困難です。「わかる力」だけでなく「できる力」をつけるためにも、学校教育の中での学習時間の確保が不可欠です。

三　フリースクールと家庭科

志村　結美

フリースクールの概念は極めて多岐に渡っていますが、日本においては、不登校や登校拒否の児童・生徒のための学校教育外での自由な学習や交流活動を支援する組織・施設・機関をさしています。一九九〇年代頃から全国的に誕生し、現在は、小中高等学校の校長裁量があれば出席が認定される等の法的な措置もされてきています。多くのフリースクールにおいて、各種ものづくりや自然体験活動が積極的に行われ、家庭科に関連する学習や体験が行われています。生きる力を直接的に生活の中で育成する家庭科は、フリースクールの重要な教育内容や活動のひとつと考えられます。東京シューレ（東京）とトイボックス（大阪）の活動を表3に示しました。体験的な活動を通しながら、生活の中で自己決定を行い、自立の道を探る取り組みは、家庭科の求めている姿といえます。また、コミュニケーション能力を育むためには、他者と共につくりあげる調理実習等、体験的な学習が有効です。学校教育以外でも、家庭科は大切な教育内容の一つとなっているのです。

表３　フリースクールにおける活動例

<table>
<tr><td colspan="2" rowspan="2">フリースクール 東京シューレ</td><td>所在地：東京都北区</td></tr>
<tr><td>設立年月：1985年</td></tr>
<tr><td rowspan="4">特徴</td><td>１）子ども参画型プログラム</td><td>時間割はミーティングで話し合いで決定する</td></tr>
<tr><td>２）異年齢が共に学び合う</td><td>初等部，中等部，高等部が共に過ごし学ぶ</td></tr>
<tr><td>３）体験や活動からの学び</td><td>週に１日程度体験活動を行う
・Tシャツ染め・包丁研ぎ・工場見学・裁判傍聴
・大使館訪問・江戸風鈴づくり・ハイキング・登山
・釣り・フラワーアレンジメント・陶芸等</td></tr>
<tr><td>４）生活の中での学び</td><td>・せまべん（狭い意味の勉強）：教科学習
・ひろべん（広い意味の勉強）：体験や人との出会い，生活の中での自己決定等，日常の中での学びを大切にする</td></tr>
<tr><td colspan="2">関連事業</td><td>・シューレ大学：学校制度によらない知的探究創造の場
・ホームシューレ：在宅での不登校支援，ネット活用交流他
・東京シューレライフデザイン科：19～35歳対象の社会に出るまでの中間的な場，人生をデザインする活動</td></tr>
<tr><td colspan="2">家庭科関連活動</td><td>・教科学習としての技術・家庭（葛飾校）
・金曜日午前：食学（王子中・高等部）
・水曜日以外の午後：ソレカツ（それぞれの活動の時間）におけるお菓子づくり他（葛飾校）</td></tr>
<tr><td colspan="2" rowspan="2">NPO 法人　トイボックス スマイルファクトリー</td><td>所在地：大阪府大阪市</td></tr>
<tr><td>設立年月：2002年</td></tr>
<tr><td colspan="2">特徴</td><td>公教育とNPOの連携として，全国初の教育支援事業として新しい「がっこう」を発足＝スマイルファクトリー
・不登校や各種発達障害等相談活動を行う
・不登校の２大原因→「学力低下」「コミュニケーション能力不足」として，個別支援と体験学習をカリキュラムの柱とする</td></tr>
<tr><td colspan="2">関連事業</td><td>・ラブジャンクス：ダウン症の子どもたちにダンスを通じて自立と自己実現をサポート
・リアルスポーツ
・キャンププロジェクト</td></tr>
<tr><td colspan="2">家庭科関連活動</td><td>・昼食後の体験活動における調理実習・手芸等</td></tr>
</table>

出典）文部科学省「教育関係NPO法人の活動事例集 vol.2はばたく」（2011）より著者作成

四　大学入試と家庭科の学び

赤塚　朋子

高等学校の教育課程において、家庭科という教科はいわゆる「受験に関係ある主要五教科」以外と位置付けられ、時間数が確保されることも危うく、「家庭基礎」二単位の履修が多くなっています。しかし、本当に、家庭科という教科は「受験に関係ない」のでしょうか。大学入試と家庭科という教科の関係について探ってみました。

一つには大学入試センター試験問題とのかかわりです。二〇一二年一月一四、一五日に実施された一〇〇〇人以上の受験者があった二四科目の問題を対象として、高等学校家庭科教科書との関係に注目してキーワード検索を行った結果、実際に一四科目と関係があり、キーワードは七三種類に及び、大学入試センター試験問題を解く際には、かなりの頻度で思考の助けになっていることが明らかとなりました（大原弘子・赤塚朋子　日本家庭科教育学会二〇一二年大会研究発表）。

二つには小論文試験問題と家庭科とのかかわりです。Benesse教育研究開発センターの分析によると（「VIEW21特集号　二〇〇〇年度個別試験・小論文分析」）、頻出テーマとして環境問題、高齢化、人生・人間の生き方、将来、情報化、労働など家庭科関連の問題が取り上げられているようですし、二〇一一年度（「二〇一一年度入試　出題傾向分析」第一学習社　第一小論ネット）でも文系・理系を問わず「現代社会において話題になっている事柄が出題に反映されて」いました。二〇一二年度の小論文問題例でも、表4のように、衣食住関連、環境問題、高齢化、情報化、消費者問題、家族・子育て関連と、高等学校家庭科の学習が役立つテーマが多いことがわかります。

このように、家庭科の学びは、高等学校の基礎学力の総体というシチズンシップ教育と関連が深く、「受験に役立つ内容」も多く、実は家庭科は大学入試に強い教科といえます。

表４　2012年度大学入試小論文問題例

キーワード	問題例
衣生活	家庭衣料品の廃棄に関するグラフとコラムより，地球環境保護のために有用な取り組みを提案する。
食生活	世界中が飽食になりつつある現状を危惧する文と図より，肥満防止・解消に重要なことなどを書く。(400字) 年代ごとの健康づくりが大切であるという文より，食生活に関連づけた人生のシナリオなどを書く。(1230字) 人間は世界中の食べ得るものすべてを食材とすると説く英文より，食の文化的相違などを考える。(300字) 伝統野菜が消えていくことを危惧する文より，伝統野菜の消失を防ぐために必要なことなどを書く。(390字)
住生活	労働者各人にとってふさわしい居住を実現する政策が必要だという文より，雇用と居住を論じる。(600字) 自分の住む「まち」で誰もが住みやすいまちにするための課題と，その改善に必要なことを述べる。(600字)
環境問題	地球環境サミットで環境と貧困の問題の解決を訴えた少女のスピーチより，両者の関係などを書く。(900字) 地球温暖化の問題は人類共通の敵で全世界が協力して戦うべきだという英文を要約し，考えを書く。(800字) ゴミをゴミと呼ばなくなれば世界からゴミは消えるという考え方を紹介する文より，考えを述べる。(800字) 豊かで持続的な社会の実現・維持のために，自然と人間社会との間に築くべき共生関係を論述する。(800字)
高齢化	高齢者の介護と福祉を伝えるカルタとその解説文より，高齢者の今日の問題と支援への考えを書く。(400字)
情報化	携帯電話やインターネットによる社会変革の可能性について，その長所と短所を論じる。(1000字)
消費者問題	消費者の８つの権利と５つの責任を読み，コンビニのお弁当を買うときに取るべき行動を述べる。 身近な８つのマークの絵より，意味などを説明し消費者としてマークをどう利用するべきかを書く。(700字)
家族	家族の役割をNPOや事業者が担うことに関する文や図より，このことについて意見などを述べる。(1000字)
子育て	男女の育児休業取得率の推移を示す図より，男性の取得率が低い理由と取得率を高める方法を書く。(1200字)

出典)「2012年度 入試　国公立大推薦入試　小論文出題テーマ一覧」Benesseマナビジョンより著者作成

おわりに

本書の企画が始まったのは数年も前になります。それはこの間、家庭科教育へのさまざまな要請が大きくなっている一方で、家庭科教育に割り当てる時間数が削減しつつあるという矛盾した事態が進んできているからです。

家庭科教育を男女共に学ぶという制度の実施（中学校では一九九三年、高等学校では一九九四年）以降、家庭科関係者たちは、料理・裁縫を中心に学ぶ教科という家庭科観の誤解を解き、新しい家庭科教育（家族・保育・介護や衣食住や経済生活を営む力量を身につけ、それらをとりまく諸環境（地域、国内社会・国際社会・自然）のあり方をみつめて、生活の向上を目指す）の男女共修の授業に、文字通り意欲的・積極的に取り組みはじめました。その成果がようやく実を結びつつあったまさにその頃から、家庭科にとっての時間数削減という困難がおとずれました。

一つは、一九九八・一九九九年に学習指導要領の改訂での「総合的な学習の時間」の導入によりもたらされました。この「時間」を捻出するために既存の教科の時間数を減らす必要があるという理由から、それまででも授業時間数の少ない家庭科に対しても、小・中・高等学校共に時間減が容赦なく行われました。その結果は、中学校の「技術・家庭」も含めて学校教育の中でもっとも時間数の少ない教科となり、専任の教員がいない学校も多いという状況になってしまいました。もう一つは、日本の多くの高等学校が、大学入試で目に見える成果をあげることに目標をおき始め、各学校のカリキュラムが入試科目に授業時間数を多く割く傾向が強まりました。内容のうえでは学力形成に大いに関係しているのですが、直接受験教科ではない家庭科は、多くの学校では入試科目を充実させ、家庭科は四単位から二単位という時間数の半減が行われるようになりました。

その一方で、男女共同参画社会基本法が成立し（一九九九）、その基本計画では第一次から現在の第三次（二〇一〇）まで一貫して教育の分野で「家庭科教育の充実」をかかげています。また、二〇〇八年の中央教育審議会答申「幼稚園小学校・中学校・高等学校及び特別支援学校の学習指導要領等の改善について」では、教育内容の改善事項に、（3）伝統や文化、（4）道徳教育、（5）体験活動の充実をあげ、さらに、（7）社会の変化の観点から教科等を横断して改善すべき事項として、（情報教育）（環境教育）（ものづくり）（キャリア教育）（食育）（安全教育）（心身の成長発達についての正しい理解）をあげています。これらはすべて、家庭科教育の基本的な学習内容であることは、本書を一瞥しただけでも理解されると思います。家庭教育は大人の「生活の仕方や生きる姿勢」そのものが子どもたちへの教育となるものであり、家庭科教育がそれを担っていることは明白です。以上からは、家庭科教育は、今と将来にわたって「『生きる』の具体」を担っている教科であるといえるのではないかと思います。

本書は、家庭科教育が、子どもたちの諸能力の発達にとって、また、日本の社会にとって、どのような役割を担っているか、できるだけわかりやすく記したつもりです。また、家庭科、技術・家庭科に寄せる、子どもや一般の方々からの声も掲載しました。本書を手がかりに、子どもたちにとってどのような教育が本当の「生きる力」になるのか、考えていただければ幸いです。

二〇一三年一月

編集委員　大竹美登利、多々納道子、鶴田敦子

編集委員

大竹美登利　日本家庭科教育学会会長
多々納道子　元日本家庭科教育学会副会長
鶴田　敦子　元日本家庭科教育学会会長

執筆者一覧

編集委員　（はじめに）

第１章　安定した生活と教育

赤塚　朋子　宇都宮大学教育学部教授　（第１節）
井上えり子　京都教育大学教育学部教授　（第２節）
多々納道子　島根大学教育学部教授　（第３節）
鈴木　洋子　奈良教育大学教育学部教授　（第４節）
髙木　　直　山形大学地域教育文化学部教授　（第５節）
桑畑美沙子　熊本大学名誉教授　（第６節　１，３）
渡邊　彩子　群馬大学名誉教授　（第６節　２）
伊藤　圭子　広島大学大学院教育学研究科教授　（第７節）
井元　りえ　女子栄養大学栄養学部教授　（第８節）
大竹美登利　東京学芸大学教育学部教授　（第９節）

第２章　子どもの発達をささえる家庭科

河村　美穂　埼玉大学教育学部教授　（第１節）
岡　　陽子　佐賀県立牛津高等学校校長　（第２節）
矢野　由起　滋賀大学教育学部教授　（第３節）
望月　一枝　秋田大学教育文化学部教授　（第４節）
日景　弥生　弘前大学教育学部教授　（第５節）
堀内かおる　横浜国立大学教育人間科学部教授　（第６節）
西野　博之　特定非営利活動法人フリースペースたまりば理事長　（第７節）
汐見　稔幸　白梅学園大学学長　（第８節）
小玉　亮子　お茶の水女子大学大学院人間文化創成科学研究科教授　（第９節）
臼井　嘉一　福島大学名誉教授　（第10節）

第３章　家庭科の実践

岡田みゆき	北海道教育大学教育学部教授	（第１節）
高木　幸子	新潟大学教育学部教授	（第２節）
佐々木貴子	北海道教育大学教育学部教授	（第３節）
小谷　教子	麻布学園非常勤講師	（第４節）
小高さほみ	お茶の水女子大学リーダーシップ養成教育研究センター講師（特別機関研究員・非常勤）	（第５節）
坪内　恭子	東京都立白鷗高等学校・付属中学校非常勤講師	（第６節）

第４章　家庭科への期待

由衛　　涼	福岡教育大学附属福岡小学校６年生
渡部　舞佳	愛媛大学教育学部附属中学校３年生
松井　智範	栃木県立真岡高等学校３年生
山根　三佳	鳥取大学地域学部地域教育学科３年生
松田　正樹	横浜市立篠原小・篠原中・私立横浜創英高校元保護者
鈴木　茂明	JA 北海道中央会共通広報課 広報専任アドバイザー
新古　敏朗	湯浅醤油有限会社社長
広岡　立美	元石川県議会議員
石塚　利明	トヨタホーム東京株式会社東京建設部
平本早余子	グリーンコープ生活協同組合くまもと共同購入本部
市橋　秀紀	佐渡市産業振興課課長補佐
菅野　芳秀	レインボープラン推進協議会相談役

資料

河野　公子	聖徳大学非常勤講師	（資料１）
上里　京子	群馬大学教育学部教授	（資料１）
荒井　紀子	福井大学教育地域科学部教授	（資料２）
菊地るみ子	高知大学教育学部教授	（資料２）
志村　結美	山梨大学大学院教育学研究科准教授	（資料３）
赤塚　朋子	宇都宮大学教育学部教授	（資料４）

編集委員　（おわりに）

生きる力をそなえた子どもたち
—それは家庭科教育から

●検印省略

二〇一三年六月二〇日　第一版第一刷発行

編集者　日本家庭科教育学会
発行者　田中　千津子
発行所　株式会社　学文社
〒一五三-〇〇六四　東京都目黒区下目黒三-六-一
電　話　〇三（三七一五）一五〇一（代）
FAX　〇三（三七一五）二〇一二
http://www.gakubunsya.com

印刷　新灯印刷株式会社

乱丁・落丁の場合は本社でお取替します。
定価はカバー・売上カードに表示してあります。
ISBN 978-4-7620-2384-2